Public Executions:
From Ancient Rome
to the Present Day

ナイジェル・カウソーン
Nigel Cawthorne
井上廣美 訳
Hiromi Inoue

【図説】公開処刑の歴史

原書房

[図説] 公開処刑の歴史

目次

〔図説〕公開処刑の歴史

はじめに

公衆の面前で死刑を執行することは、イギリスでは一八六八年に、アメリカでは一九三六年にそれぞれ廃止になった。だが、今もまだ世界の多くの国が公開処刑を行っている。たとえばイラン、サウジアラビア、中国などだ。アメリカもそうだ、と言う人もいるだろう。死刑囚の死亡を見届けるために、大勢の証人が立ち会うからだ。とはいえ、ほとんどの文明国は、公開処刑に嫌悪感を覚える。

ただし、これはきわめて現代的な見方だ。現代以前には、非公開の処刑など殺人同然だと思われていた。非公開の場合、死刑囚は処刑台の上で最後のスピーチをする機会を奪われることになるし、国家の側も、その司法権が及ぶ人々、犯罪者や敵や政敵に権力を見せつけるチャンスを失ってしまう。そのうえ、民衆もとびきりの見世物と思っているものを見逃すことになる。ローマのコロセウムでは、

フランス国王ルイ16世の公開処刑。アルフレード・
ダグリ・オルティ作、1793年。

キリスト教徒がライオンの餌食になり、ロンドンのタイバーン刑場では、複数の人間が一斉に絞首台からつるされた。パリのコンコルド広場では、貴族がギロチンにかけられ、スペインでは、宗教裁判所で死刑宣告を受けた異端者が火あぶりになった。アステカの神殿ピラミッドの頂上では、神官たちが戦争捕虜の胸を生きたまま切り裂き、まだ脈打っている心臓を取り出した。

公開処刑の舞台にも政治的なメリットがあった。チャールズ一世の斬首刑では、断頭台の高さが二五センチほどしかなかった。通常なら高さ約六〇センチなので、ひざをついて頭をのせるのだが、この時はそうできず、チャールズはうつぶせになるよう強いられた。そんな姿のほうがいっそう屈辱的だ、と死刑執行人たちが思ったのだ。

斬首《ざんしゅ》はもっとも一般的な公開処刑方法のひとつで、処刑される側から見れば、長所がないこともない。あっという間に終わる。このほかの処刑方法としては、むち打ち、釜ゆで、車輪にくくりつけて体を砕く、火あぶり、磔、溺死、絞首、ロープで縛って船底をくぐらせる、ガソリンに浸したタイヤを首にかけて焼き殺す（ハイチでは公認）、檻に閉じこめて餓死させる、石打ち、絞殺、千回刻み、生き埋め、猛獣に食い殺させる、絞首台でさらしものにする、焼き網で焼く、ガロットという処刑器具で絞め殺す、ギロチンで斬首する、ハンマーで殴り殺す、絞首後に内臓をえぐり出してから四つ裂きにする、串刺し、二本の木の間につるして引き裂く、生きたまま火あぶり、「スペインのロバ」（拷問用の木馬）に乗せる、のこぎりでふたつに切断する、樽に封じこめる、動物の胃のなかに閉じこめる、矢で射る、昆虫に刺し殺させる、水車の輪や動物を入れた布袋にくくりつける、大砲の砲口にくくりつけてばらばらに吹き飛ばす、高所から突き落とす、二艘の船を使って引き裂く、体中の口や穴に火薬を詰めて点火する、心臓をえぐり出す、のどを切り裂く、などがある。

公開処刑は受刑者に死刑を執行するだけではない。死刑執行人や見物人をも非人間的にしてしまう。古代ローマ人は、無力なキリスト教徒や腕っ節の弱い犯罪者をわざと無敵の剣闘士と戦わせた。ただし、これにはそれなりの思惑もあった。公開処刑を目の当たりにしたら、民衆も死に真正面から向き合うようになるだろう、と考えたのだ。

そんな高尚な言い訳をできないのが、ロンドンのニューゲイト監獄からタイバーン刑場へ連れて行かれる死刑囚を見ようと、オックスフォード・ロード（現在のロンドンのオックスフォード・ストリート）に集まった大群衆だ。彼らは、人気のある犯罪者が連行されるときは花のシャワーを浴びせたが、人気のない犯罪者だと腐った野菜や石を投げつけた。タイバーン刑場では、絞首台の周りに木造の観覧席が設置され、見物人は良く見えるようにと二シリング（一〇ペンス）の席料を払った。なかでも一番大きくて良く見える席は、オーナーの名前にちなんで名づけられた「オールド・マザー・プロクターの席」という席だった。公開処刑は終始お祭り気分で、見物人は歌ったりはやし立てたりしたし、ジンジャーブレッドやジンやオレンジを売る露天商も出ていた。そんな場所での死に、高尚なところなどあろうはずがない。

第一章

古代ローマの処刑方法

古代ローマでは、死に方も社会階級によって決まっていた。貴族や騎兵なら、人目につかない場所で自ら服毒することができた。逆に、奴隷は公衆の面前で十字架に磔になった。この形の公開処刑は、今ではイエス・キリストの死を連想するが、ローマ帝国の全盛期にはごく一般的な処刑方法だった。磔刑を考え出したのはローマ人ではなく、それ以前のギリシア文学にも登場するが、磔刑という方法を完成させたのはローマ人だったようだ。紀元前五世紀の「古代史の父」ヘロドトスは、ペルシア王ダレイオス一世が紀元前五一九年頃、三〇〇〇人のバビロニア人を磔にするよう命じたと書いている。

✝磔刑

紀元前四世紀、マケドニアのアレクサンドロス大王はペルシア帝国へ遠征したとき、フェニキア人の都市ティール（現在のレバノン南部のスール）で、二〇〇〇人を海岸で磔にした。ティールの神殿で神に祈りをささげようとしてティールの人々に拒否され、大きな犠牲を払う包囲戦に引きずりこまれた

十字架の道行きの様子。磔刑になる者は、十字架の
横木を処刑場まで運ばされた。

からだ。磔刑については、古代ローマ人は古代ギリシア人から学んだが、ローマ人によると、多くの「野蛮な」民族（インド人、アッシリア人、スキタイ人、ケルト人）も磔刑を行っていたという。カルタゴも、紀元前一四六年にローマに滅ぼされるまで磔刑を用いていた。

磔刑は非文明的だ、と思ったローマ人もいる。紀元前一世紀の政治家キケロは、磔刑を「もっとも残酷でおぞましい刑罰」と言い、最悪の死に方だと考えていた。六六～七〇年のユダヤ人の反乱で無数の磔を目撃したユダヤ人歴史家ヨセフス・ベン・マタティア（別名フラウィウス・ヨセフス）も、「もっとも悲惨な死」と言っている。

一世紀のローマの哲学者ルキウス・アンナエウス・セネカはこう問いかけた。「ひと思いに息を引き取るのではなく、痛みに衰弱し、手足が一本ずつ萎え、命が一滴ずつ流れ出ていくほうを望む者などどこにいるだろう？　長く病み衰え、肩や胸の醜い傷が腫れ上がり、もはや元の姿をとどめず、長引く苦痛のなかで命の息をするのに、呪われた木に喜んで縛りつけられようという者がどこにいるだろう？　十字架に架けられる前に死んでしまう理由がいくつもあろう」。

三世紀の名高いローマ人法学者ユーリウス・パウルスも、磔刑は最悪の処刑方法だと考えた。さまざまな方法を列挙するなかでパウルスは、火あぶりや斬首、野獣に食い殺させるという方法よりも前に磔刑をあげている。磔刑をノーマルな死刑と見ていなかったのは明らかだ。ローマ人にすれば、磔刑は屈辱的で不名誉で忌まわしいものだったのだ。

たいていの場合、法律上ローマ市民は磔刑という不名誉を免れることができたが、反逆した外国人、敵国人、泥棒、犯罪者、奴隷は磔が一般的だった。それどころか、奴隷の磔刑は日常茶飯事と言ってもいいほどだったので、磔刑は「奴隷の刑罰」と呼ばれるようになった。紀元前七一年にスパルタクス率いる奴隷の反乱を鎮圧したとき、勝ったローマの将軍クラッススは、南部からローマへ向かう主要道路アッピア街道に沿って、六〇〇〇人の反乱奴隷を十字架に架けた。また、後に皇帝になったローマの将軍ティトゥスも、ユダヤ人の反乱の鎮圧とエルサレム包囲を行った七〇年、一日に五〇〇人以上のユダヤ人を磔にしたことがあった。ヨセフスの『ユダヤ戦記』によると、大量のユダヤ人が城壁の外で磔になったので、「十字架を立てる場所も足らず、彼らの体を架ける十字架も足らない」状況だったという。エルサレムの攻囲戦が終わったときには、エルサレムの境界から二〇キロメートル以内のところには木が一本も残っていなかった。

磔刑が始まったばかりのころは、ただ木に釘で打ちつけるだけだったという。やがていくつかの方法が編み出されたが、ローマ人が標準的なやり方を決めた。その基本方針は、罰を受ける者に最大限の苦痛と侮辱を与えることだった。

まず、囚人を裸にして柱に縛りつけ、それから二人の兵士が公衆の面前でむち打ちを行う。この時使うむちは、「フラグルム」あるいは「フラゲルム」というむちで、長短さまざまな長さの革ひもを束ねた短いむちだ。革ひもの先には、とがった羊の骨のかけらや小さい鉄の玉がついており、むち打たれた囚人の皮膚を裂くようになっていた。囚人は背中、臀部、足を打たれ、意識を失うまで打たれ続ける。この時大量に出血するので、このむち打ちだけで死ぬこともあった。たとえむち打ちを生き延びても、大量に出血すれば、十字架上ですぐに死んでしまうことになる。たとえばイエスの場合は、十字架に架けられてからわずか六時間で死亡しているので、このむち打ちが特にひどかったにちがいない。

次に、囚人は衆人環視のなか、自分が架けられることになる十字架を町の城壁の外にある磔刑場まで運ばされる。十字架を立てる刑場はたいてい高台にあった。なるべく多くの人がこの見世物を見られるようにするためだ。また、街道に近く、通りかかる人々への見せしめにもなっていた。そんな見せしめという意味合いを強めるため、死刑囚の遺体を朽ちて骨だけになるまで放置することも多かった。ローマの磔刑場はカンプス・エスクィリヌス（エスクィリヌスの野）、エルサレムの刑場はゴルゴタにあった。

十字架を運ぶとき、囚人はひとりで十字架をまるごと背負わされたわけではない。十字架の重さが一〇〇キログラムをはるかに超える場合もあったからだ。エスクィリヌスの野でもゴルゴタの丘でも、その他の磔刑場でも、スティペス（縦木）は常設で、囚人が実際に運んだのはパティブルム（横木）のほうだけだった。横木だけなら三〇〜五〇キログラムほどですむ。それでも、荒く切り出しただけのザラザラの横木をむち打ちで傷だらけの肩に担ぐのだから、運ぶのは耐えがたい苦痛だった。

磔刑場への行進は、百人隊長が先導し、囚人の両側に警護の兵士がつく。また、その囚人の罪状を書いたティトゥルス（看板）を囚人の首にぶら下げたり、兵士が掲げたりしていた。その後、この罪状書きは十字架の一番上に釘で打ちつけられる。イエスのティトゥルスでは、イエスが「ユダヤ人の王」である、と書かれているだけだった。

†十字架に架けられて

刑場に着いた囚人は、ガルラという没薬（ミルラ）を混ぜたブドウ酒をひと口与えられた。これは穏やかな麻酔薬となって、苦痛を和らげる。そして裸の囚人は、腕を横木に沿って広げる形で仰向けに寝かされ、手を横木に縛りつけられるか、釘で打ちつけられる。釘を使うほうが囚人は早く死ぬが、ローマ人は釘のほうを好み、一八センチほどの鉄釘をてのひらか手首に打ちこんだ。どちらかと言えば手首のほうが一般的だった。手首に打つほうが、長時間体重を支えられるからだ。その後、横木を所定の位置までつり上げ、垂直に立ててある縦木にロープか釘で固定し、さらに囚人の足を固定する

キリストの磔刑。ローマ人の役人の号令で、十字架が立てられる。

ため、足の甲か裏から釘を打ちこむ。常設の縦木がない場所で磔刑を行う場合には、まず地面に縦木と横木を置いて十字架の形に組み、そこに囚人を釘で打ちつける。それから、この十字架を垂直に起こし、地面の穴に縦木をはめこんで、楔で固定する。

囚人の手や手首が釘から外れ、体が前に崩れ落ちてしまいかねないときは、体重を支えるための木のブロックや厚板を縦木に取りつけた。この支えはセディレ（囚人がまたぐ腰かけ）かスペダネウム（囚人が立つ足台）のどちらかだった。

背の高い十字架を使うこともあったが、高さ二メートルそこそこの低めの十字架のほうが一般的だ。イエスの場合も、伝統的な美術作品では背の高い十字架で描かれるけれど、実は低めの十字架だったらしい。聖書によれば、ローマ人兵士がヒソプという植物の茎の先にブドウ酒を含ませた海綿をつけて、イエスに飲ませたという。ヒソプの茎はたいてい四五センチほどの長さだから、背の高い十字架ならば、そんな茎ではイエスの口元に届かない。

磔刑の苦痛はとても耐えがたいものだった。むち打ちと生身を貫く釘打ちだけでも十分ひどいが、十字架が立てられると、体重が釘にかかるという苦痛にさいなまれる。しかも、両腕が胸より上に持ち上がった姿勢になるので、ひじを曲げたり足で押し上げたりして体を持ち上げなければ、まともに呼吸もできない。だが、そんなふうに動けば、両手両足が激しく痛むし、むち打たれた背中をザラザラした木の十字架の縦木にこすりつけることになる。息をするのも苦しく、血中の酸素が足りなくなって、筋肉に痛みを伴うけいれんが起きる。そのうえ、この責め苦だけでは足りないとばかりに、鉤つきの道具で殴られたり、顔に虫が集まるよう蜂蜜を塗りつけられたりする。そして結局、疲弊し窒息して息絶える。

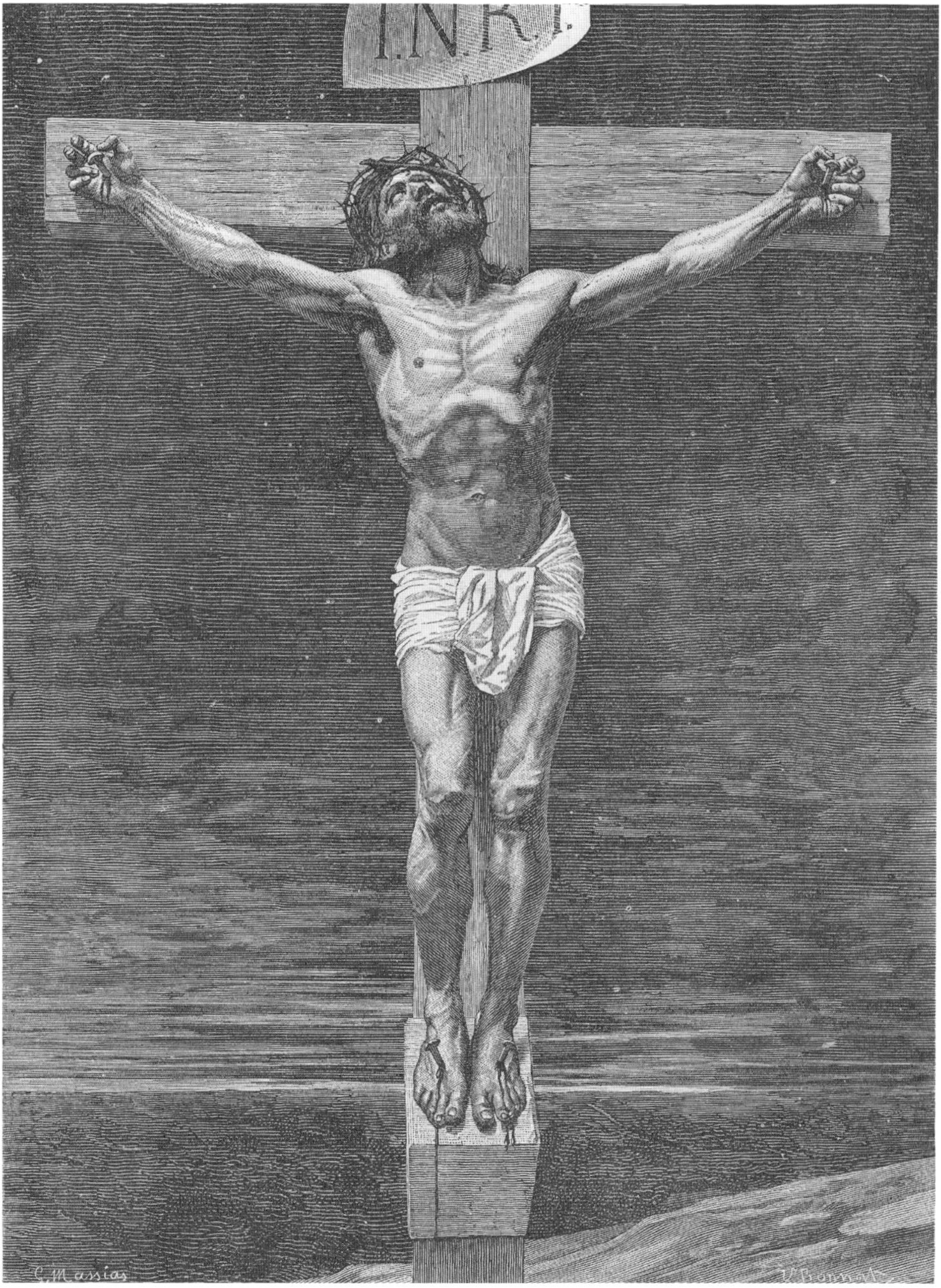

十字架上のキリスト。ローマの政治家キケロは、磔刑は「もっとも残酷でおぞましい刑罰、最悪の死に方」だと言った。

このほか、磔にした囚人を手早く片づけてしまうやり方もあった。鋭い武器を直腸に突っこむ。イエスの場合のように、槍をわき腹に刺す。頭皮をはぐ。性器を切り取る。真っ赤に焼けた火かき棒をのどや目に突っこむ。体に油を浴びせかけ、十字架の足元に薪の束を積んで火をつけ、囚人と十字架を燃え上がるたいまつにしてしまう、などなど。

イエスと一緒に十字架で処刑された泥棒ふたり（伝承によればディスマスとゲスタス）は、早く死ぬようにと足の骨を折られた。といっても、これは憐れみの念から出た行為ではない。翌日が休日だったので、翌日まで十字架に架けておくのは望ましくない、とローマ人の当局が考えただけだった。イエスも足を折られるはずだったが、その時にはすでに息絶えていた。

普通なら、そう簡単に死にはしない。健康な人間だと、十字架の上で一～二日間持つ。裸の囚人は、野次とあざ笑いにさらされた。口や目、そして傷口に虫がたかるが、両手を十字架に打ちつけられているので、虫を払うこともできない。風雨にさらされ、食べることも飲むこともできず、絶え間ない痛みのなか、死に向かっていることを容赦なく感じさせられる。古代ローマ人が言ったように、間違いなく磔刑は最悪の死に方だ。

もっとも、奇跡的に生き延びた者もいる。一説によると、十字架が倒れて、友人に助けられた男がいた。その男の話では、磔刑場までパティブルムを運んでゆく道すがら、沿道の人々に野次を浴びせられ続けたという。彼は素っ裸にされ、「大事なところを隠すことさえできず、思うに、みだらな女たちにいやらしい目つきでじろじろ眺められ、男たちにもじっと見つめられた」。十字架の横木に手のひらを打ちつけるために木槌が六回振り下ろされたときには、汗が噴き出てきて体が震えた。両足を一本の釘で打ちつけられ、骨の砕ける音が聞こえた。腕の痛みで気が狂いそうになりながらも、彼はまだ「無数の火が足を伝って上ってきて、太ももと腰を襲い、胃の奥まで入りこむ」のを感じていた。

十字架が立てられると、苦痛はもっと激しくなった。釘が手と足の肉を裂いていくのを感じ、体の重みを軽減できるよう胴をロープで縛りつけてほしいと願った。弱ってゆくにつれ、体が前のほうへ傾き、そのせいで痛みが増す。もう槍をわき腹に刺し、心臓まで貫いて、この悲惨を終わらせてほしいと思った。

十字架につるされてからどのくらい時間がたったのかわからなかったが、体中の血が流れ出ていくのはわかった。一滴、一滴、また一滴と、血のしたたる音が耳に響くような気がした。と、不意に世界がさかさまにひっくり返ったかと思うと、十字架が倒れた。手と足を釘から外すとき、また激痛が走ったが、それでも、よろめきながらどうにか近くの森に逃げこんだ。そして三日後、その森のなかで友人に発見されたという。ただし、この話をうのみにはできない。この男は信心深いキリスト教徒で、イエスが処刑から三日後に復活したという話と少々似ているからだ。

イエスと一緒に十字架で処刑され悔い改めた泥棒、ディスマスは、死刑囚の守護聖人になった。ディスマスの架けられた十字架の破片が、ローマのサンタ・クローチェ・イン・ジェルザレンメ大聖堂に保管されているという。イエスの架けられた十字架「聖十字架」のほうは、皇帝コンスタンティヌス一世の母親である聖ヘレナが、三二六年に聖地を訪れたときに発見したらしい。その後、聖十字架はサラディンに破壊されたが、その破片がヨーロッパ各地に渡ったと考えられている。もっとも、ヨーロッパ各地の破片を全部合わせてみると、十字架ひとつ分どころの量ではない。そんな破片のひとつに、スコットランド国王マルコム三世の妻だった聖マルガリタが、ハンガリーからスコットランドへ持ってきたものがある。その破片、通称ブラック・ルード（黒い十字架）は、ダンファームリンの大修道院に収められたが、後にイングランド人に奪われ、イングランドのダラムへ持ち去られて、ダラムで行方がわからなくなった。

†十字架のバリエーション

ローマ人の磔刑は名人芸の域に達していたが、いくつかバリエーションもある。セネカは『対話編』でこう言っている。「あそこに、一種類どころか、何人もの人間が考案したそれぞれに異なる何種類もの処刑台が見えます。頭を大地に向けて逆さまに吊している処刑人もいれば、恥部を釘づけにしている処刑人、腕を大の字に開かせて晒し台にさらしている処刑人もいます」（『セネカ哲学全集1』所収「マルキアに寄せる慰めの書」大西英文訳、岩波書店、より訳文引用）。

二本の木を直角に組んだ「クルクス・イムミッサ」（ラテン十字架）は、ローマ人が考え出したものだ。足に重しを縛りつければ、四人の囚人を一緒につるすこともできた。このバリエーションがT字形の「クルクス・コムミッサ」（タウ十字架）で、腕木は三本になる。また、サッカーのゴールポストに似た形もあって、二人の罪人のそれぞれ片手片足を釘で打ちつける。さらには、X字形の「クルクス・デクサータ」（聖アンデレ十字）というのもあり、この場合、囚人は大の字になって、手足を切断される。セネカによると、十字架にさかさまに架けるほうが慈悲深いという。すぐに気を失ってしまうからだ。

ローマでは三四五年、ローマ皇帝で初めてキリスト教徒に改宗した皇帝コンスタンティヌスが磔刑を禁止したが、もっと未開の地ではその後も続いた。フランスでは、フランドル伯シャルル・ル・ボンを暗殺したベルトルドが、ルイ肥満王（ルイ六世）の命によって十字架に架けられた。宗教熱に浮かされた一三世紀イングランドの記録には、自分はキリストだと言い張って、それなりに十字架で処刑された男たちの話が出てくる。一九世紀の日本でも、罪人は十字架にくくりつけられ、細い槍でゆっくりと突き殺された。ただし、前もって十分な賄賂を払っておけば、すぐに死ねるよう、処刑人が最初の一突きで心臓を貫いてくれた。

†ローマの円形闘技場

古代ローマには、磔刑のほかにも多くの公開処刑方法があった。たとえば、フォーラム（中央広場）で四五〇〇人の囚人を三〇人ずつのグループにして、柱に縛りつけたことがある。そして囚人の首の後ろの腱を切ってから、市の城壁の外へ引きずり出し、半死半生のまま置き去りにして、囚人の死肉をハゲワシや野犬に食べさせた。

ただし、民衆に受けたのは円形闘技場での処刑で、死刑を宣告された犯罪者、キリスト教徒など宗教上の異端者、政治上の反体制派など、国家の敵と見なされた者が対象だった。ごく普通の素人の男が剣闘士の前に放り出されて戦わされるのだから、手も足も出ない。

大勢の犯罪者を死刑にする場合は、裸にしてまとめて闘技場へ出すほうが一般的だった。罪人はさびた刀だけを渡され、罪人同士で死ぬまで戦わされる。戦うようむちで打たれ、戦いを拒んだら、真っ赤に焼けた焼きごてを性器に押しつけられることもあった。この悲惨な戦いは、最後のひとりになるまで続くが、その最後のひとりになったからといって、死刑執行が延期になるわけではない。勝ったとわかって両腕を突き上げたとたん、両刃の斧を手にした黒い兜の巨人が闘技場に入ってきて、真っぷたつにされてしまう。

ローマ人が特に喜んだのが、神話の場面の再現だった。「パシパエと牡牛」という、クレタの王妃パシパエがミノタウロスを身ごもる神話の再現では、裸にされた女性の罪人が、檻のなかに座る本物の雄牛につながれた。こんな見世物は命にかかわるにちがいないから、処刑として行われたのだろう。

キリスト教徒の処刑では、ライオンの前に放り出されるのが有名だ。この刑罰は、もともとは言うことを聞かない奴隷を処分するために法律で定められたものだったが、見世物として人気が出たので、ほかの死刑囚にも科すようになった。もっとも恐れられたのが、かみそりのように鋭い爪を持つリビアのライオンだった。リビアでライオンを捕獲し、そのライオンに鎮静剤としてアルメニアのブランデーを大量に与えておとなしくさせてから、地中海を渡ってオスティアの港へライオンを運び、さらに川を伝ってローマへ運ぶ。ローマに着いても、ライオンは檻に入れたまま、餌を与えずにおく。こうして酒も抜け、飢えきったライオンが、ついには闘技場に放たれ、無防備な受刑者たちに相対する。しかも受刑者は、くぼみをつけた石に足を溶融鉛で固定され、動けないことが多かった。もっとも、魔術師なら手をひらひら振って、向かってくるライオンをその場で立ち止まらせることもできる、などと言う者もいた。そこで、野獣一匹なら催眠術をかけられるが、一〇匹は無理だ、ということで、複数のライオンが放たれた。

この形で処刑するときは、雄牛や熊、ヒョウも使った。ノクシイと呼ばれた罪人は、たいてい闘技場中央の台の上でさらしものにされ、その台の下に、これからけしかけられる動物の入った檻が置かれていた。ディジョンの聖ベニニュスは、熱く焼けた針を指の爪の下に突き刺されてから、腹をすかせた犬一二頭に食いちぎられた。また、奴隷の少女だった聖ブランディナも、信仰を捨てるのを拒んで拷問にかけられたが、これ以上なすすべなし、と拷問を加えていた者たちがさじを投げるまで耐え抜いたので、闘技場へ連れて行かれ、柱に縛りつけられた。ところが、彼女に向かっていくはずの野

円形闘技場にて。ライオンと戦うキリスト教徒、たぶん剣闘士だろう。武器はマントと短剣だけだ。

獣が、どれも彼女を襲おうとしなかった。それから数日間、彼女は仲間のキリスト教徒が次々と命を落とすのを目の当たりにさせられながらも耐え忍んだ。結局、彼女はむち打たれ、焼けた焼き網にのせられてから、網に入れられて野生の雄牛に角で突き回され、ついには短剣で突き殺された。

狂気の皇帝ネロは、自らこの野獣の役をしたことがあった。野獣の皮を身にまとい、柱に裸で縛りつけた男女や子供を襲ったのだ。今のイギリスに住んでいた古代ケルト人イケニ族の女王ブーディカが、侵略者ローマ軍に対し反乱を起こしたときは、ブーディカの娘たちが凌辱され、女王自身も裸にされてむち打たれたのが反乱の一因だったのに、ネロはさらなる公開処刑を命じた。

二世紀の歴史家カッシウス・ディオによると、「捕虜に対し、ありとあらゆる残虐行為が加えられた。高貴な身分の見目麗しい女たちを裸にしてつるし、その乳房を切り取って、口に押しこんで唇を縫い合わせた。そのため、女たちが自らの乳房を食べているように見えた。その後、彼女たちを鋭い杭で下から上へと刺し貫いた」。

ネロの時代に行われた刑罰には、囚人に自らの墓を掘らせるというものもあった。その後、とがった杭が一本、穴の底に据えられ、囚人の手足を縛ってから、穴に突き落とす。囚人の罪が軽ければ、杭が心臓を貫くよう突き落とすので、すぐに息絶える。凶悪な重罪だと宣告された囚人は、杭が股間に刺さるよう落とされ、苦しみながら死ぬまで放置される。そのまま生き埋めにされることもあったらしい。

この生き埋めという刑罰（まずは公衆の面前でむち打ってから行った）は、伝統的には、純潔の誓いを破った「ウェスタの処女」（火床の女神ウェスタに仕える巫女）に対して加えられるものだった。運が良ければ、小さな洞穴に閉じこめられて餓死することになる。ネロは巫女のルブリアを自分で強姦しておきながら、彼女を生き埋めの刑に処した。

ネロはまた、六四年のローマ大火をキリスト教徒による放火だとして、キリスト教徒を一斉に逮捕させ、彼らに「火をつけた。日が傾くと、その炎は夜通し、たいまつ代わりになった」。キリスト教徒たちは柱に縛りつけられ、タールを塗られてから火をつけられ、大火で家を失った人々が助けを求めて集まった公園を照らした。ところが、この残虐行為はネロにとって裏目に出た。タキトゥスによると、このキリスト教徒たちの振る舞いがとても勇敢だったので、「人々の心も和らいで、彼らに好意的になった」。

負けた剣闘士も、闘技場で死ななかったら公開処刑になったが、最終的に運命を決めるのは皇帝だった。たいていは観衆が「ユグラ！　ユグラ！（のどを切れ！　のどを切れ！）」と怒声を浴びせ、皇帝が観客をなだめようとする。皇帝が親指を下に向けたら、負けた剣闘士は片ひざを立ててしゃがみ、勝者のももをつかんで、頭を後ろに傾けねばならない。そして、死ぬ覚悟ができたことを知らせるために小さくうなずく。すると勝者が敗者ののどをすばやく切り裂き、死にゆく男はつかんだ手を離す。

この勝者のなかには、わざわざ敗者の血で皇帝の名前を得意げに書いて見せるような、心底目立ちたがり屋もいた。

†カリグラのゲーム

正気を失っていたとも言われる残虐な皇帝カリグラの治世（三七～四一年）には、剣闘士の試合が長

ネロとキリスト教徒。磔刑を残酷に進化させたネロは、キリスト教徒を十字架に架けたうえで火をつけ、「たいまつ代わり」にした。

引きすぎたら、皇帝が途中でやめさせ、さっさと済むよう、二人の剣闘士に互いののどを切るよう命じた。闘技場で観客が飽きないような最高の見世物にするには、一時間に少なくとも二人、死ぬ必要があった。

勝ったからといっても安全ではない。勝者は次の相手と戦うことになっていた。ただし、その剣闘士が皇帝のお気に入りだったら戦いを免除され、代わりに皇帝が、観客をなだめるために観客席に金を投げこむ。

剣闘士のひとりがおじけづいて、闘技場に出てきたとたんに戦いを拒んだら、観衆は「ホク・ハベト（こいつはもう駄目）」と非難の声を上げた。すると、カリグラがうなずくのを受け、その相手は脇に下がり、黄金の衣装をまとったアルメニア人の小人が闘技場に入ってくる。そして山ほどある武器を手に、できるかぎり苦痛を与えるやり方で、その恥さらしの剣闘士を殺す。その小人の必殺技のすさまじさに観衆は黙りこみ、犠牲者の断末魔の叫びが、闘技場ばかりか周囲の丘にも響き渡った。ものの数分で、犠牲者はばらばらに切り刻まれ、小人が遺体を冒瀆してみせた。

また、ひとつ試合が終わるたびに、はげ頭に黒衣の「屍食人」が、真っ赤に焼けた火かき棒と銀の斧を手に闘技場に登場した。そして、倒れている剣闘士の股間に火かき棒を当てる。何の反応もなければ、死んだと見なし、その頭にハンマーを振り下ろして、その魂を解き放つ。だが、まだ生きているけれど試合続行できないほど重傷なら、闘技場の下にある「仕上げ部屋」へ引きずって行き、そこでプロの肉屋が自前の肉切り包丁を数回振り下ろして始末する。

カリグラの時代には、事情聴取さえないまま闘技場で死刑が宣告された。老人や体の弱い者には、くたびれた野獣が差し向けられた。「二重の意味」を持つ文を書いたということで、火あぶりになった有名な作家もいる。また、剣闘士を管理していた者が、何の罪かよくわからないまま何日も鎖につながれ殴打されたあげく、殺されたことがあった。彼の腐ってゆく脳の腐臭に、カリグラが我慢できなくなったからだった。

死刑囚の親は、我が子の処刑を見なくてはいけなかった。病気が重くて見に行けないと訴えたら、担架に乗せられて運ばれたという男もいた。衣装や髪型が良すぎるという理由で処刑された男の父親が、処刑直後、カリグラに食事に招かれたこともあった。その悲嘆にくれる父親は、葬儀の日もまた食事に招かれ、別の息子の命まで取られてはいけないと、招きに応じた。カリグラははげ頭でもあったので、髪がふさふさの男はみな、せめてものことと、わざわざ頭をそったりしていた。

また、プトレマイオスという男は、紫のマントをまとったらあちこちで称賛を浴び、そのせいで闘技場送りになってしまった。ひときわ背が高くハンサムだったアエシウス・プロクルスは、円形闘技場の観覧席からいきなり引きずり出され、剣闘士ふたりと戦わされた。ところが、彼が剣闘士ふたりを打ち負かしてしまったので、カリグラは彼にぼろをまとわせ縛り上げ、その姿を貴族の女たちに見せてから、彼を死刑にするよう命じた。

身分の高い者を処刑するときは、顔に焼印を押したり、動物のように檻に閉じこめたり、のこぎりで真っ二つに切ったりした。俳優のアペレスは、「神々の王ユピテルとカリグラ、どちらが偉大か？」と問われ、答える前にためらったせいで、カリグラの命によって体がばらばらになるまでむち打たれた。苦痛にもがくアペレスが慈悲を請うと、カリグラはアペレスの声をほめ、その歌うかのようなうめき声が素晴らしいと言ってのけた。

カリグラは死刑執行人に、処刑に時間をかけて「男が死にかけていると自覚できるようにやれ」と命じていた。ある元老院議員を処刑するときには、その体を切り開き、真っ赤に焼けたやっとこを使ってまず目をくり抜き、それから内臓を取り出せ、と命じた。苦痛を長引かせるためだ。その後、この男はのこぎりで真っ二つにされ、ばらばらに切り刻まれた。だが、残酷を求めるカリグラの欲望はまだ満足せず、男の手足やはらわたなど、ばらばらの遺体を街路で引きずり回したすえに、自分の目の前に積み上げさせた。カリグラは苦痛や血を目の当たりにしても何も感じなかったので、食事中の娯楽として、拷問や斬首を命じることもよくあった。

†ドミティアヌスの残虐行為

皇帝ドミティアヌス（在位八一〜九六年）は特にキリスト教徒を厳しく弾圧した。ゆっくりと時間をかけた、苦痛と屈辱を与える公開処刑が、キリスト教徒のために次々と考え出された。バラバラに切り刻む。焼き殺す。串刺しにする。やっとこや大釘や鉄の爪で骨から肉を引きはがす。集まる虫が刺し殺すよう、肌に蜂蜜を塗りつける。

片足や両手の親指、あるいは髪に縄をくくりつけてつるすというのもあった。女性なら乳房を切り取る。機械で押しつぶす。ハンマーやむちやこん棒で殴り殺す。蜂蜜とミルクを塗りつけてから、樽に閉じこめ、無理やり食物を食べさせる。すると、やがて寄生虫が彼らの内臓を食らうと同時に、体が外側から腐っていく。これだと死ぬまでに二週間もかかる。

また、生きたまま皮をはがしたり焼いたりもした。動物の死骸のなかに縫いこめ、日のあたる場所に放置するというのもある。この場合は、ハゲワシの餌食になるか、さもなければ、そのまま死ぬまで捨て置く。油で煮る、溶かした鉛を浴びせかける、ということもあった。目をえぐり取り、手足を

焼き網による聖ラウレンティウスの殉教。この聖人は、片側が「焼けた」とき、ひっくり返してくれと言ったらしい。

切断し、性器を引きちぎった。

聖キュリラは腹を切り開かれ、そこに焼けた石炭を詰めこまれた。聖エウフェミアは、手足を切断されたうえ、その手足が大きな鍋で揚げられるのを見せつけられた。やはり見るに堪えない方法に、焼き網（指ほどの太さの鉄棒を格子に組んだ台）で焼く、というのもあった。男性の身長ほどの長さがある鉄棒三本を縦に、それより短い鉄棒七、八本を横に組んで格子状の焼き網にし、補強用の鉄棒を加え、四隅に短い脚をつけた台を使う。台の下で火をおこし、殉教者を鉄のフォークで押さえつけた。

こんなふうに公衆の面前で生きたまま焼かれた聖人は多い。たとえば聖ラウレンティウスもそうで、彼の場合は有名なウィットが命取りになった。教会の財産を渡せ、と皇帝ウァレリアヌス（在位二五三～二六〇年）に命じられ、自分が世話をしている未亡人や孤児を連れて行ったのだ。焼き網で火あぶりに処せられて殉教するときも、彼の精神は少しもくじけなかったらしい。火あぶりが始まってしばらくしてから、彼はこう言ったという。「こっち側はもう焼けました。おお、偉大なる暴君よ、焼けたものと生のもの、どっちの肉がよいか、お決めください」。そして兵士らが彼をひっくり返すと、彼はこう言った。「さあ、うまい具合に焼けましたよ。どうぞお召し上がりください」。この様子を見ていた異教徒たちは、彼が強烈な悪臭を放っていたと言っているが、キリスト教徒によると甘い香りが漂い、聖ラウレンティウスは天界の光に照らされていたという。このとき、ローマの元老院議員のなかにはその場でキリスト教に改宗した者もいた。臨終にあたって、聖ラウレンティウスはローマがキリスト教に改宗するよう祈りをささげた。彼の遺体はティブルティーナ街道沿いに埋葬されている。

聖ラウレンティウスの死は、ローマの異教信仰の終わりを告げるものとなった。皇帝ディオクレティアヌス（在位二八四～三〇五年）は、キリスト教徒を焼き網で処刑したことを高官に非難され、その高官

Pœna grauis præsens animo fert sæpe salutem, Infligit Deus hic parcat ut inde magis.

Was ye ein mensch erleiden müß
Ist seiner seel ein grossē büß /
Gott strafft offt hie / das er dort schon
Der vmb gedult gibt reichen lon.

審問官はいろいろな拷問具を使って自白を引き出す。そのひとつ、ブロンズの雄牛は、囚人をなかに入れて、生きたまま火であぶる。

をつるしてむち打った。そのうえ、酢と塩を傷口にすりこみ、焼き網にのせて、とろ火でゆっくりと焼いた。だがこの後、偶像崇拝は禁じられ、聖ラウレンティウスの祈りは通じることになる。ディオクレティアヌス帝の後継者コンスタンティヌスは、聖ラウレンティウスの殉教を記念するサン・ロレンツォ・フオーリ・レ・ムーラ大聖堂（「城壁外の聖ラウレンティウス大聖堂」）を建てた。この聖堂は現存する。

火刑用の焼き網には別のバージョンもあった。金属製の椅子で、その椅子に座らせて下から火であぶる。三一六年に聖ブラシウスが焼けた櫛で拷問されてから首をはねられたとき、そのしたたる血を集めたという女性七人が、この方法で処刑された。真鍮の椅子七つを用意し、女たちを座らせて火をつけると、やがて椅子は「熱く焼けて、椅子からも、真っ赤に焼けた炉からも火花が散った。彼女らの体は真黒に焦げ、そこにいる者全員がその焼けるにおいを堪能した」。

†雄牛に閉じこめる

紀元前六世紀のこと、アテネの職人ペリロスは、新たな独創的拷問具として真鍮の雄牛を考え出した。真鍮を使ったのは、早く熱くなるからだ。雄牛の腹部が空洞になっていて、わき腹にある扉から人を入れて閉じこめる。ペリロスは凝った工夫も加えた。雄牛の鼻の穴に笛を設置し、犠牲者の叫び声が雄牛のうなり声そっくりに聞こえるようにしたのだ。

紀元前一世紀の歴史家シケリアのディオドロスによると、ペリロスはアクラガス（今のシチリア島のアグリジェント）の僭主ファラリスにこの発明品を見せた。ファラリスは残酷で有名な男だから、たんまり褒美をもらえるはずだと思ったのだ。ファラリスはこの発明に感心したが、代金を渡す前に、ペリロスになかに入ってみろと命じた。なかに入って、死にゆく男の叫び声をまね、音響装置が実際にうまく働くか試せというわけだ。ペリロスが言われたとおりにすると、扉が閉められ、そのまま下で火がたかれた。

実際、ペリロスの叫び声は雄牛のうなり声そっくりだった。ファラリスは満足し、ペリロスがまだ生きているうちに彼を引っ張り出した。せっかくの雄牛を汚したくなかったのだ。結局、この不運な発明者は崖から突き落とされ、遺体をきちんと埋葬してもらうこともできなかった。ディオドロスによれば、ファラリスがこんなことをしたのは、ペリロスの残酷さに激怒したせいらしいが、ディオドロス以外の著述に、この雄牛がファラリスの破滅のもとになった、という話もある。こんな公開処刑の方法は残酷すぎる、と思ったアクラガスの市民が反乱を起こし、ファラリスを僭主の座から引きずり下ろしたのだという。しかもファラリスは、舌を引き抜かれてからブロンズの雄牛に閉じこめられ、ゆっくりとあぶり殺された。この道具で殺されたキリスト教の殉教者も何人かいる。聖エウスタキウス、聖ペラギア、聖アンチパスなどだ。ただし、聖アンチパスは雄牛ではなくブロンズの馬に閉じこめられて亡くなったらしい。

†「肉屋」

傲慢で残虐な皇帝だったマクリヌス（在位二一七～二一八年）は、軽い罪を犯しただけの兵士を十字架に架けたり、本来は奴隷だけが受ける罰を兵士に与えて楽しんでいた。反乱を起こした部隊に対しては、くじ引きで一〇人ごとに一人を選んで殺すという「十分の一刑」を加えた。ぶつぶつ不平を言っただけでも、「百分の一刑」に処し、一〇〇人ごとに一人選んで殺した。もっとも彼に言わせれば、本来ならそんな部隊は一〇人に一人を処刑するに値するので、これでも温情だという。

また、セックスのこととなると、マクリヌス帝は頑固だった。多くの兵士が同じ女召使いと情を交わしていたと知ると（その女は相手かまわず関係を持つと評判だったが）、皇帝は大きな雄牛二頭の腹を切り開かせ、その告発が真実かどうか本人に確かめもせずに、被疑者全員を雄牛の腹のなかに縫いこめた。しかも、「互いに話をしながら」死ねるようにと、彼らの頭だけが雄牛の上に突き出ていた。マクリヌス帝の伝記を書いたユリウス・カピトリヌスによると、「こうして、彼は彼らに罰を与えたが、このような罰は、私たちの先祖も、今の時代も、姦通に対してすら命じたことがない」。

また、ローマ人が今のイランでパルティア人と戦っていたときのこと、ある軍団司令官がきちんと見張りを立てるのを怠った。その司令官は縛り上げられ、馬車で引きずられた。最初は生きていたが、結局は命を落とした。むち打ちもしょっちゅうだった。さらにマクリヌス帝は、エトルリアの僭主メゼンティウスが好んだ古代の刑罰を復活させた。生きた人間を死体に縛りつけて放置し、「ゆっくりと腐って」死なせるというものだ。

逃亡した奴隷は、ローマの闘技場で剣で戦うという罰が与えられた。といっても、熟練の剣闘士の手にかかって確実に死ぬ。犯罪被害者は監禁され、密告者も、その件を立証できなければ処刑された。立証できても、金を与えられたうえで面目を失って追い払われる。最悪の罰を受けたのは、姦通の罪で捕まった者だった。そうしたカップルは、一緒に縛り上げられ、火あぶりに処せられた。マクリヌス帝があまりにサディスティックだったので、彼の奴隷たちは主人のことを「マケリヌス」（肉屋）と呼んでいた。彼の家の壁が奴隷の血にまみれ、まるで食肉の解体場のようだったからだ。そんな実績があるわけだから、在位わずか一四か月で軍の反乱が起きて殺害されてしまったのも、さほど驚くこ

「タルペーイアの岩」から突き落とされるところ。ローマの国事犯にとっては、驚くほど慈悲深い最期だ。

とではない。

†ローマ人の創意

古代ローマには、悪趣味な公開処刑方法がほかにもまだあった。重婚や父親殺しの罪で有罪になったら、鉛の板にくるむか、布袋に入れるかしてから、テベレ川に放りこむ。古代のギリシアでもローマでもやっていたのは、神殿の屋上や急勾配の坂の上から死刑囚を突き落とすという処刑だ。この場合、体中の骨を砕きながら、建物の側面や山肌をごろごろと転げ落ちる。たとえ転落後まだ息があっても、そのまま捨て置かれ、そのうち転落のショックで死ぬか、風雨にさらされて息絶える。運が良ければ、心臓発作か転落の衝撃で死ねる。

有名な『イソップ寓話集』を書いたギリシアのアイソポス（イソップ）は、紀元前五六一年にアポロン神殿の宝を盗んだかどで崖から突き落とされた。ローマでは、殺人犯や国家に反逆した者を「タルペーイアの岩」から突き落とした。この処刑方法は一六世紀のフランスで復活する。

死刑囚の体を砕く処刑と言えば、ローマ人は残酷な方法も編み出した。外輪が鉄製の重い車輪の外輪に受刑者をくくりつけ、ハンマーを手にした死刑執行人が車輪を転がすのだ。受刑者は転がりながら、体中の骨が砕けていく。これには別バージョンがいくつかあって、受刑者を地面のほうに縛りつけておく形や、外輪に仰向けにくくりつける形もある。仰向けの場合、処刑人の振るうハンマーが受刑者の顔を砕く。もっと苦しめるため、火の上を転がすこともあった。

ユダヤ人歴史家ヨセフスは、ふたりのキリスト教徒がこの形で殉教したのを見ている。彼によると、「あのキリスト教徒の囚人を連れてくるように、と死刑執行人は命じられた。彼のチュニカはぼろぼ

車輪によるアレクサンドリアの聖カタリナの殉教。

ろで、手足を革ひもで縛られ、大きな車輪にくくりつけられていた。関節はみな外れ、手足は砕けていた。車輪は血に染まり、その下にある火床で燃える石炭も、したたり落ちる血で消えかけていた。車軸のあちこちに肉塊がこびりつき、肉と骨のかけらがそこらじゅうに飛び散っていた。もうひとりのほうも車輪にくくりつけられ、体を伸ばされ、火であぶられていた。真っ赤に焼けるまで火であぶった串が、彼の背中を突き、わき腹を貫いて刺しこまれ、恐ろしいやけどを負わせた」。

小さい車輪なら、車輪の側面に受刑者を大の字にしてくくりつける。手首と足首は、外輪からだらりと垂れ下がるよう砕いておく。また、大きな重い車輪の外輪に受刑者をくくりつけ、丘や崖の上から突き落として転がすとか、骨や胸郭が治療不能になるまでひたすら町の広場で転がすというのもある。

また、樽を使うバージョンもあった。内側に釘や大釘をつけた樽に囚人を閉じこめ、丘の上から転がす。第一次ポエニ戦争（紀元前二六四〜二四一年）で捕虜になったローマの将軍マルクス・アティリウス・レグルスは、捕虜交換の交渉のためにローマへ送り返されたが、この任務に失敗し、正々堂々とカルタゴへ戻ったところ、拷問にかけられ、大釘だらけの樽に入れられて丘から落とされた。

アレクサンドリアの聖カタリナも、車輪で砕かれる処刑で有名だ。彼女の名前にちなんだ花火もある。ただし、彼女は車輪の刑で死んだわけではない。四世紀になると、車輪の新バージョンが編み出された。外輪に大釘をつけた車輪を、地面から突き出た大釘の列の上で転がすというものだ。だが、アレクサンドリアの聖カタリナの場合、この方法はうまくいかなかった。彼女が生きていたのは、皇帝マクセンティウス（在位三〇六〜三一二年）がキリスト教をひどく迫害していた時代で、彼女は皇帝の暴虐に対し、公然と抗議をしに行った。彼女はまだ一八歳で、とても美しい乙女だった。皇帝は彼女を即刻死刑にする代わりに、哲学者五〇人を集め、彼女と討論させることにした。ところが、その討論に彼女が勝ってしまった。そこで皇帝は、彼女を誘惑しようとしたが、彼女に拒まれ、ついに彼女をむち打って牢獄に閉じこめた。

マクセンティウスが軍の視察に出かけてしまうと、カタリナの勇気と不屈さに心を引かれた皇帝の妻が、カタリナのところを訪れるようになった。皇帝が戻ったときには、皇后と兵士二〇〇人がキリスト教に改宗していた。彼らはみな殺され（どのように殺されたかは歴史に残っていない）、カタリナも大釘のついた車輪で処刑されることになった。ところが、彼女が車輪に乗せられたとたん、奇跡が起きた。彼女を縛るひもがゆるみ、車輪が砕け、その大釘がもぎ取れて、多くの見物人に傷を負わせたのだ。そこで皇帝は、彼女の首をはねることにした。カタリナの首が切断されたとき、彼女の血管からは白いミルクのようなものが流れ出てきたという。

†ふたりのペルシア人修道士

古代、キリスト教徒を公開処刑したのはローマ人だけではなかった。ペルシアのシャープール二世の治世一八年目に当たる三二七年、シャープール二世はキリスト教徒を容赦なく迫害し始めた。迫害が激しくなったのは、ローマ初のキリスト教徒皇帝コンスタンティヌス一世が、われこそは世界中のキリスト教徒の精神的指導者だと名乗りを上げ、そのことがシャープールの耳に入ったためらしい。こんなことで臣民の忠誠心を乱されてしまうなど、シャープールには許し難いことだった。そこで彼は、自分こそが最高位の存在だ、と市民に思わせるべく仕事に取りかかった。教会や修道院を破壊したうえ、異教の神々へ犠牲をささげることに同意したキリスト教徒は大目に見たが、拒んだキリスト教徒は拷問し殺害した。コンスタンティヌス一世はシャープールに手紙を書き、迫害をやめるよう求めたが無駄だった。

こうして、九人のキリスト教徒が死刑宣告を受けて牢獄につながれていたときのこと、ヨナスとバラキシウスというふたりの修道士が牢獄にやって来て、自分たちも信仰のために死ぬ覚悟ができていると言った。ほかの九人が殺された直後、ヨナスとバラキシウスは、太陽か水か火に犠牲をささげるよう命じられた。だがふたりは拒否し、先の九人に死刑を宣告した裁判官の前に引き出された。裁判官はふたりに、王のなかの王、シャープールの言うことを聞いて、自然崇拝を行うように、と説いた。しかしふたりの返事は、地上の王よりも天界の神に従うほうが賢明だ、というものだった。

すると、まずヨナスがうつ伏せにさせられた。上腹部に鋭い杭が当たるようになっていて、そのままむちとこん棒で殴られたが、彼はこの拷問に屈せず、祈りを唱えて心を保ち続けた。そこで裁判官は、彼を凍った池に一晩放りこんでおくよう命じた。次はバラキシウスの番だった。彼も異教の儀牲の儀式を執り行うことを拒んだので、熱したピッチを塗られてから牢獄へ戻され、一晩じゅう片足で逆さづりにされた。

翌朝、ヨナスは池から戻され、昨晩は辛かったか、と聞かれた。だが彼はこう言った。「いいえ。この世に生まれた日からこのかた、昨晩ほど心安らかだった夜はありません。キリストの苦難を思い出したおかげで、素晴らしくさわやかな気分になりました」。するとおまえの仲間は捨てたぞ、と言われた。「知っています」と彼は答えた。「彼はとうの昔に悪魔と守護天使を捨てました」。そこで裁判官は、おまえの神を見限って、その身を取っておくほうがよいのではないか、と尋ねた。ヨナスの答えはこうだった。「取ってある麦は増えません。私たちの命は種です。地にまかれ、来るべき世界に再びよみがえるのです」。

するとと裁判官は、ヨナスの手足の指を切り落とし、収穫の時が来たら指を取り戻せるだろう、と彼に告げた。ヨナスは熱したピッチの入った大桶に放りこまれてから、木製の圧搾機で押しつぶされた。彼の遺体はのこぎりでばらばらに切断され、下水に流されたばかりか、キリスト教徒が遺体の一部を形見として拾おうとするといけないので、見張りまでついた。その後バラキシウスも、犠牲の儀式をまだ拒むなら、ヨナスと同じ運命が待っている、と言われた。バラキシウスがなおも拒むと、裁判官は、バラキシウスを串刺しにしてから、圧搾機で彼の骨を砕き、煮え立つピッチをのどに流しこむように、と命じた。

第二章

斬首

文明の始まり以来、斬首は死刑の一方法として広く行われている。古代のアッシリアやエジプトでは斧が使われた。大英博物館にある有名なレリーフに、アッシリアに敗れたカルデア人捕虜が大量に首をはねられる場面がある。古代中国でも、斬首が処刑方法のひとつに定められていた。

ヴィクトリア朝の絞首刑執行人ジェームズ・ベリーは、著書『死刑執行人としての経験』で、中国のやり方に特に強い印象を受けたと言っている。「中国では、斬首が科学と言ってもいいほどになっている。中国の処刑人は、世界一巧みな首切り役人だろう。私は中国の処刑人のナイフを所有しているが、そのナイフは、九回連続で振るって九人の海賊の頭をはねたという恐るべきナイフで、まさにその目的にぴったりのものだ」。

古代ギリシアの歴史家クセノフォンによると、紀元前四世紀においては、斬首がもっとも名誉ある死刑だったという。また、剣で首をはねられるほうが、斧ではねられるよりも名誉を傷つけずにすむ

中国で古来行われている剣を使う斬首刑。中国の死刑執行人は熟練の技を持ち、一太刀で首を切り落とすことを誇りとする。

と考えられていた。

古代ローマでも、斬首を行っていた。斬首(デコラティオあるいはキャピティス・アムピュタト)は、普通は軍の刑罰として使われたが、カリグラ帝の場合は、上手な首切り役人をいつも用意させておき、牢獄にいる囚人を無作為に選んでは首をはねた。地面に掘った穴の前にキププス(ラテン語で「墓石」の意)という断頭台が置かれ、切り落とした首が穴に落ちるようになっていた。受刑者はまず柱に縛りつけられてむち打たれてから、その断頭台のところへ引きずられて行き、押さえつけられて首をはねられる。もともとは斧で切っていたが、後には、ローマ市民に対しては剣が使われるようになった。ギリシア同様、剣のほうが名誉ある処刑道具だとされていた。

受刑者の運が良ければ、一太刀で首が断ち切られる。聖セシリアの場合はそれほど幸運ではなかったが、彼女は苦痛に慣れていた。彼女が苦行のために、目の粗いざらざらした下着をガウンの下に着けていたのは有名な話だ。また彼女は、キリストに対して処女であり続けると誓っていた。ところが、彼女の父親はまた別の考えがあって、ヴァレリアヌスという貴族に嫁がせた。夫が彼女のキリスト教徒の誓いを知ったのは、婚礼の日の夜になってからだった。だがその夜、彼女は夫を説き伏せてキリスト教に改宗させ、次に夫が、自分の兄弟を改宗させた。結局、夫も兄弟も殉教し、このふたりの不屈の精神を目の当たりにしてキリスト教徒になった男も殉教した。この三人はみな身分に配慮して剣で斬首された。聖セシリアのほうは、自宅の浴室での窒息死という刑罰を言い渡され、浴室の炉に通常の七倍もの量の燃料がくべられたが、彼女は死ななかった。そこで、兵士がひとり、彼女の首を切るために送りこまれてきた。ところが、剣を三度にわたって振るっても(法律で最大三太刀までと決まっていた)、彼女の首を切り落とすことができなかった。彼女はそれから三日間生きながらえ、キリスト教徒たちがこの奇跡を見ようと、彼女の家に押し寄せた。

†イングランドの斬首刑

イングランドもギリシア以来の伝統を受け継ぎ、斬首が名誉ある処刑方法と見なされた。ただし、斬首の前のむち打ちはない。絞首刑は、通例、身分の低い者に科す罰だった。謀反を起こし、反逆罪で「首つり・内臓えぐり・四つ裂きの刑」を宣告された貴族は、刑罰が斬首刑に変更になったら、も

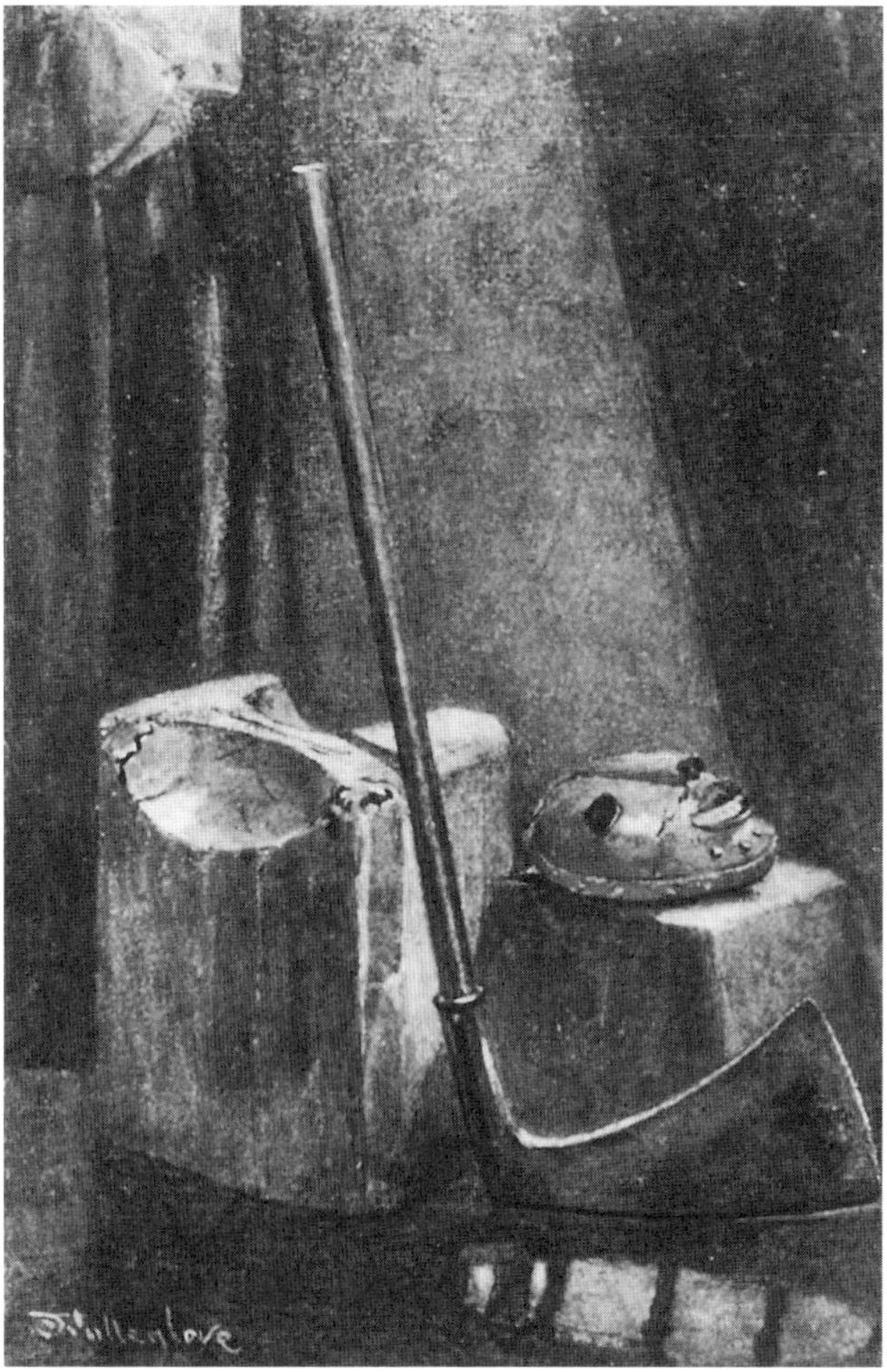

断頭台と斧と死刑執行人のマスク。かつてロンドン塔で使用されていたもので、今も塔内で展示されている。

ちろんほっとした。多くの貴族が潔く断頭台に向かった。処刑台の上で告別のスピーチをしてから、比較的すみやかに、苦痛を感じずにこの世を去れるとわかっていたからだ。

首を切り取るという行為は、イングランドでも以前からあったようだが、刑罰のひとつとして導入したのはウィリアム征服王だとされている。この斬首刑で最初に処刑されたのが、ノーサンブリア伯ワルセオフだった。娘がデイヴィッド一世に嫁いだのでスコットランド王家の祖先となった人物だ。ワルセオフは一〇六六年にいったんウィリアム征服王に降伏したが、一〇六九年に北部で起きた反乱に加わった。だが、この反乱は失敗に終わり、彼はウィリアムの姪のジュディスと結婚することによって命拾いした。ところが一〇七五年にまたも反乱に関係し、今度は反逆罪で裁判にかけられて有罪となった。なぜ死刑判決を受けたのか、理由ははっきりしない。ヘイスティングズの戦いでウィリアムと戦った者は、ただ領土を奪われただけだったし、一〇七一年に反乱を起こしたノーサンブリア伯モルカールは終身刑だった。ワルセオフだけが罰として首を差し出すことになり、約一年間ウィンチェスターで監禁されてから処刑された。最期の日々、彼は懺悔の祈りと断食をして過ごすよう言われたが、その間も、カンタベリー大司教のランフランクスが彼の無実を訴えてとりなしていた。一〇七六年五月三一日、ワルセオフはウィンチェスター郊外のセント・ジャイルズ・ヒルへ連れて行かれた。そして、貧しい人々に自分の衣服を与えてから、断頭台の前でひざまずき、主の祈りを唱え始めた。たぶんこの祈りが長すぎると思ったのだろう、死刑執行人は剣を抜き、ワルセオフがまだ「私たちを誘惑に逢わせず……」（日本聖書協会『新共同訳聖書』より訳文引用）と唱えている最中に、剣を振り下ろしてしまった。目撃者によると、断ち切られたワルセオフの首が、残りの祈りをはっきりとした声で唱えたという。その後、彼の遺体は溝に放りこまれた。

　ワルセオフに対するウィリアムの仕打ちに、宮廷ではイングランド人もノルマン人も震え上がった。ウィリアムがイングランド人の反乱に業を煮やしているのは明らかだった。ワルセオフの処刑を機に、反乱はぴたりとやんだ。ところで、従来なら反逆者は財産を王に没収されるが、ジュディスはハンティンドンの伯爵領を持ち続けることができた。これは、彼女が夫の有罪の証拠を出したためかもしれないし、あるいは、彼女がウィリアムの姪だったからというだけかもしれない。処刑から二週間後、クロウランドのウルフケテル大修道院長がワルセオフの遺体を回収し、未亡人の願いどおり、クロウランド大修道院のチャプターハウスにきちんと埋葬された。

✝斧

　その後まもなく、イングランドでも斬首に斧を使うようになった。木を切るときに使うような普通の斧ではなく、特別な「首切り斧」だ。刃は柄から刃先にかけて広がっていて、刃先もカーブしている。柄から刃先までは約四〇センチ、刃先の長さは約二五センチあった。

　ロンドン塔で展示されている首切り斧は、バランスも悪いし、作りも粗雑だ。重さは四キロほど、柄の長さは一メートルほど。刃は黒くざらざらで、まるで鍛冶屋の炉から出したばかりのように見える。鋭利でもなければ磨き上げられてもいない。この恐ろしい道具はわざと抑止力になるよう作られた。脊柱を真っ二つに切断するというよりも、ただ粉砕するだけだからだ。昔のロンドン塔には恐ろしい「首切り斧」がずらりと並んでいたが、今ボウヤー・タワーに保管されている首切り斧は、一七四七年にラヴァト卿の首をはねた斧だとされている。ラヴァト卿はイギリスで最後の斬首刑に処された人物だ。

断頭台はたいていオーク材で作られた。もともとは高さ六〇センチほどの丸太材にすぎなかった。それだけの高さがあれば、断頭台に首を置くとき、ひざをついても威厳を失わずにいられる。ただし、受刑者にわざと屈辱を与えるために、もっと低い断頭台を使うこともあった。一六四九年一月三〇日にチャールズ一世がホワイトホールで処刑されたときの断頭台は、高さが二五センチほどしかなく、彼は処刑されるために寝そべらなくてはならなかった。また、その断頭台は四角形で、上面の両サイドが扇形にくり抜いてあった。このふたつのくぼみは、一方がもう一方よりも大きく、そこに受刑者の肩をのせる。小さい方のくぼみには頭を置く。ふたつのくぼみの間にある細く盛り上がった部分が首の前面を支え、首の後ろに斧が振り下ろされたときに首が動かないようになっている。こうした断頭台は、処刑のたびにあつらえるのが普通で、あのボウヤー・タワーにある断頭台も、ラヴァト卿のために特別に作られたと思われる。

斧の一撃で首を切断できるなら、断首はもっとも人道的な処刑方法だろう。脳と脊髄を切断すれば、間違いなく即死だ。ものの数秒で激しいショックと致命的な血圧低下にみまわれる。では痛みはあるのか？　伝えられるところでは、こうして処刑された場合、目と口は首を切り落とした後もまだ動いているように見えたという。それに、切断された首は、脳にいくらか酸素が残っているので、もう数秒間だけ機能し続けるらしい。この瞬間だけは、激痛を感じそうだ。とはいえ、脳に血液が供給されなくなったら、数秒で意識を失うことができる。

†タワーヒルの斬首刑

ロンドン塔の城壁の外にあるタワーヒルは、一三八八年から一七四七年にかけて九一人が公開で斬首刑になったところだ（一五～一六世紀には、ここに処刑台が常設されていた）。実は、ロンドン塔の内部で行われた斬首刑は、たった八回しかない。ただし、八回とも処刑されたのが有名人だったので、大勢が立ち会っている。バラ戦争の時期に処刑されたヘースティングズ卿。ヘンリー八世の妻たちのうちのふたり、アン・ブーリンとキャサリン・ハワード、そして侍女のレディ・ロッチフォード。キャサリン・オブ・アラゴンの支援者だったソールズベリー女伯マーガレット・ポール。一五五三年にたった九日間だけイングランド女王だった一五歳のレディ・ジェーン・グレイ。その夫のギルフォード・ダドリー卿。一六〇一年にロンドン市民を扇動して反乱を起こそうとした第二代エセックス伯ロバート・デヴァルー。以上八人だ。

アン・ブーリンは無実の罪を負わされたようだが、二二歳のキャサリン・ハワードが不倫をしたのはほとんど疑いない。国王の妻にとっては、反逆罪となる過ちだった。彼女はトマス・カルペパーと関係したことを認めたし、ほかにも恋人がいた。アンと違って、キャサリンには剣で首を切られるという選択肢はなく、斧が使われた。この処罰に臨んで気を確かに持っていられるかどうか、自信のなかった彼女は、処刑の前夜、死刑執行人に断頭台を部屋まで持ってこさせた。そして死刑執行人の前でひざまずき、「その恐ろしいくぼみに頭を置いた」。やがて彼女は立ち上がると、この試練を礼儀正しく気品を持って切り抜けてみせる、と宣言した。実際、そのとおりだった。処刑台に登ったキャサリンは、周囲で見つめる人々に向かってこう言った。「私は王妃として死ぬけれど、むしろカルペパーの妻として死にたかった」。彼女の首は斧の一撃で断ち切られた。王妃でいたのはたった一年六か月と四日間だった。カルペパーのほうもすでに処刑されていた。一五四一年一二月一日にロンドン市庁舎ギルドホールで開かれた裁判で、カルペパーはこう言った。「諸君、どうかこれ以上のことは知ろ

うとしないでいただきたい。明らかにできるのは、私がこの世でもっとも愛するものを国王が奪ったこと、そして、そのためにあなたがたは私を絞首刑にできようが、彼女は私を愛しているし、私も彼女を愛しているということだけだ」。自らの言葉で自らに有罪宣告をしたカルペパーは、フランシス・デラハムと一緒に反逆罪で有罪となった。デラハムも以前キャサリンと関係を持っていた。法律では、反逆罪は首つり・内臓えぐり・四つ裂きの刑が適用されるが、このふたりは斬首刑に減刑された。そして、一五四一年一二月一〇日にタイバーンで処刑された。

　年配のソールズベリー女伯マーガレット・ポールの場合は、ヘンリー八世をめぐる陰謀に巻きこまれ、ロンドン塔で処刑されることになってしまった。裁判も開かれないまま二年も監禁されたすえ、処刑台に送られたのだ。断頭台に頭をのせるよう命じられたとき、彼女は拒み、こう言った。「それは反逆者のすることです。私はそうではありません」。死刑執行人が何度命じても、手ごわい女伯爵は首を振り続けた。目撃者によると、彼女は死刑執行人に「私の首を取るつもりなら、せいぜいがんばっておやりなさい」と言ったという。「そのため死刑執行人は、無様な仕事をするはめになった」。断頭台の周りで彼女を追い回し、斧を振り回し続けたので、ついに彼女は倒れて、ばらばらに切り刻まれた。マーガレットの遺体は、ロンドン塔の城内にあるセント・ピーター・アンド・ヴィンキュラ王室礼拝堂に埋葬された。

　一方、レディ・ジェーン・グレイは自分で目隠しをすると言ったが、そうしたら断頭台がどこにあ

「九日女王」レディ・ジェーン・グレイは、1554年
2月12日にタワーヒルで斬首された。

るかわからなくなってしまった。「どうすればよろしいの？　あれはどこにあるのです？」。そう彼女が言ったので、立会人のひとりが彼女を断頭台のところへ連れて行くと、彼女は台に頭を置き、こう言った。「主よ、御手に私の魂をゆだねます」。そして斧が振り下ろされた。

これより二〇年ほど前の一五三五年七月六日、サー・トマス・モアもヘンリー八世の不興を買って首をはねられた。処刑にあたり、彼は極上のシルクのガウンを身にまとったところ、ロンドン塔の長官代理から、あまり立派なものを着ないほうがいいと忠告された。というのも、処刑された人間の衣類は、死刑執行人が持って行ってしまうのが常だし、高価な衣類なら無論のこと遺族の手元に残すべきだ、という。モアは赤い十字架の絵を持ってタワーヒルへ向かい、処刑台に登った。すると、死刑執行人がひざまずき、モアに許しを請うた。モアはその男に口づけしてこう言った。「汝を許そう。勇気を奮うのだ、男よ。恐れず汝の務めを果たせ。残念ながら私は首が短いから、外さないよう当ててくれ」。そして頭を断頭台にのせた。死刑執行人が斧を振り下ろそうとすると、そのときモアがちょっと待てと合図し、「頼む、あごひげも台にのせさせてくれ。汝がひげを切ってしまわないように」と言った。「こいつが切られたらかわいそうだ。こいつが反逆罪を犯したわけではないのだから」。モアがあごひげを動かすと、斧が振り下ろされ、彼は一撃で首をはねられた。そうはいかなかった人もいたのだから、彼は幸運な部類だ。サー・トマス・モアは一九三五年に列聖され、聖人となった。

†女王の死にざま

スコットランド女王メアリーは、ヘンリー八世の娘エリザベス一世によって一八年間にわたり軟禁されたすえ、一五八七年二月八日に断頭台で処刑された。処刑台が設置されたのは、ノーサンプトン

スコットランド女王メアリー。ノーサンプトンシャーのフォザリンゲイ城で処刑されようとしているところ。

シャーのピーターバラの近く、彼女が幽閉されていたフォザリンゲイ城の大広間だった。死刑執行人が彼女に許しを請うと、彼女はこう言った。「あなたを心から許します。なぜなら今、あなたが私の苦労すべてを終わらせてくれるのですから」。死刑執行人と侍女ふたりの手を借りて、メアリーはガウンを脱いだ。大勢の人間の目の前でガウンを脱がされることがかなり気に障ったようで、彼女は「こんなに大勢の侍従がいるのを見たことがないから落ち着かない。こんな人前で服を脱いだことはない」とぶつぶつこぼした。それでも彼女は、さっさとこの世を去りたがっているかのようにすばやく支度をしたし、涙を流すこともなかった。

メアリーは金の刺繍を施した白い布で目隠しをされた。その布が髪をアップに結わえてもいて、彼女の首筋があらわになった。ふたりの侍女が処刑台を離れ、メアリーは断頭台の前のクッションにひざまずいた。そして腕を伸ばし、ラテン語で「おお主よ、御手に私の魂をゆだねます」と三度か四度唱えた。死刑執行人の助手が彼女の体に手を置き、動かないよう押さえつけた。それでも、斧の最初の一撃は首を外れ、後頭部に当たった。メアリーの唇が動いた。彼女の家臣によると、このとき彼女が「スウィート・ジーザス（イエスさま）」と言ったのが聞こえたという。運が良かったことに、その一撃で彼女は気を失った。二度目の斧は首に命中したが、首を切断するまでにはいかず、死刑執行人はやむなく、のこぎりをひくように斧を動かして首を切り落とした。最後に、彼は切断した首を掲げて叫んだ。「ゴッド・セイヴ・ザ・クイーン！（女王陛下万歳！）」。もちろんエリザベス一世のことだ。伝えられるところでは、メアリーの唇は処刑後も一五分間動き続けていたという。また、彼女のスカートの下には彼女の愛犬が隠れていて、力ずくで引っ張り出さねばならなかったらしい。その犬は彼女の首と肩の間に座りこんだ。それで血まみれになってしまったので、連れ出されてごしごし洗われることになった。

メアリーの首は張り出し窓でさらしものになった。スコットランド女王メアリーが死んだことを、民衆がその目で確かめられるようにするためだ。その後、首と胴体を再び一緒にして防腐処置を施し、一五八七年八月一日にピーターバラで埋葬した。墓掘り人は「オールド・スカーレット」だったと言われている。キャサリン・オブ・アラゴンの墓を掘ったのと同じ男だ。メアリーの息子ジェームズ一世はイングランドの国王の座に就くと、母親の遺体を掘り出して、ウェストミンスター寺院に埋葬し直した。フォザリンゲイ城は取り壊された。

†イングランドの英雄の死

有名な船乗りだったサー・ウォルター・ローリーは、探検家であり学者であり、エリザベス一世の寵臣でもあったが、イングランド国王ジェームズ一世（スコットランド国王としてはジェームズ六世）の不興を買ってロンドン塔に監禁された。そして一三年にわたる監禁のすえ、国王を説得してエル・ドラド（黄金郷）を探す探検隊を指揮することになった。南米ギアナのオリノコ川流域にあるという伝説の黄金の都だ。ただし、当時ジェームズが同盟を模索していたスペインに不快感を与えないという条件つきだった。ところが、ローリーは黄金を見つけられなかったばかりか、スペインの入植地に火を放ってしまう。そのためイングランドに戻ると、ウェストミンスターのオールド・パレス・ヤードで処刑された。一六一八年一〇月二九日のことだった（ちょうどロンドン市長就任披露行列の日だ）。ローリーはまだ民衆に人気があったので、この日なら、「行列や見事な見世物が行われていれば、史上屈指の勇敢で立派なイングランド人の悲劇から民衆の目をそらせるだろう」と思われたのだ。ところが、そのもくろみは外れる。処刑を見ようと大群集が押し寄せた。これじゃあ処刑台の近くに行けやしない、とローリーの友人のひとりが不満を漏らしたほどだった。するとローリーが、その友人にこう言ったという。「君はどうにも動けないだろうね。まあ私は確実に席があるが」。彼はいつもどおり、冷静沈着に試練に立ち向かった。その朝、獄吏がスペインから届いたばかりの新しいサック酒を一杯、ローリーに与え、お気に召しましたか、と尋ねたところ、ローリーの返事はこうだった。「素晴らしいよ。君がこれでゆっくりできるならね」。

サー・ウォルターは派手好きの伊達男で、いつも耳と靴に真珠、両手の指にはダイヤモンドが輝き、ルビーとエメラルドの縫いとりをした服を着ていた。だが処刑に臨んで彼が身に着けたのは、地味な黒の帽子にビロードの外套、灰色の絹の靴下だった。それに、いつもはイタリア風の最新流行の髪型をしていたが、その朝は理髪師を断ってこう言った。「櫛を入れてくれ。それで十分だ」。

このころ、ローリーは脳卒中に見舞われたばかりで、左足を引きずるようになっていた。処刑の日、彼は足を引きずりながら処刑台へ向かったが、その様子さえ英雄的に見えた。その足は、スペインと戦ったときに負傷した足と同じ足だったからだ。ローリーは感動的な長いスピーチを行った。敵に許しを与え、自分にかけられた罪すべてに反論してみせた。そして神の許しを請い、自分は「虚飾に満ちた男」で、「罪深い職に就いて、罪深い人生」を送ったと告白した。「軍人であり、指揮官であり、船長であり、宮廷人であったが、どれも悪意と悪徳の棲みかとなる」。それから彼は、そこにひざまずいているフードをかぶった死刑執行人のほうを向き、その男の肩に両手を置いて彼に許しを与えると、不意にこう言った。「斧を見せてくれ」。死刑執行人は困惑した。これから殺そうという相手に武器を見せるなど、すべきことではないと思ったのだ。しかしローリーがなおも求めたので、死刑執行人は斧を差し出した。ローリーはその刃に指を走らせると、こう言った。「この刃は私に恐れを与えない。これは鋭利な薬（中略）私の病をすべて癒してくれる医者だ」。

その昔、サー・ウォルター・ローリーが自分のケープをぬかるみの上に広げ、エリザベス一世の足が汚れないようにした、という逸話にちなみ、死刑執行人も自分のケープを処刑台に広げ、そこにローリーがひざまずけるようにした。そして、東（エルサレムの方向）を向きたいかと尋ねると、ローリーはこう答えた。「心が真っすぐならば、頭はどう向こうとかまわない」。彼はひざまずき、短い祈りを唱えると、死刑執行人にこう言った。「両手を広げたら打ってくれ」。ところが、彼が両手を広げたのに、死刑執行人はためらった。「何を怖がっているのだ？」とローリーは言った。「打て、ほら、打て」。

サー・ウォルター・ローリーは彼らしい冷静沈着な態度で最期を迎えた。死刑執行人に向かって、その斧は「鋭利な薬（中略）私の病をすべて癒してくれる医者だ」と言ってのけた。

死刑執行人は言われたとおり、二度打った。それでも、ローリーの胴体は微動だにせず、ただその唇だけが祈りを唱え続けているように見えた。

彼の首は、処刑台の両側にいる群衆に見えるよう掲げられてから、赤い革袋に入れられた。その後、妻のレディ・ローリーに届けられ、彼女は夫の首を二九年後に亡くなるまで手元に置いた。そして息子のカルーが首を受け継ぎ、自分の遺体と一緒に埋葬させたという。サー・ウォルター・ローリーの遺体はウェストミンスターのセント・マーガレット教会に埋葬されている。

†国王の処刑

イギリス史上もっとも重大な斬首と言えば、一六四九年一月三〇日にホワイトホール宮殿で行われたチャールズ一世の処刑だ。イングランド内戦に敗れたあと、チャールズ一世は議会派の裁判にかけられ、自らの臣民に宣戦布告したかどで反逆罪の有罪判決を受けた。処刑台が設置されたのは、バンケティング・ホールの前で、大勢の人々が彼の死を目撃することができた。処刑は早朝に執行されるはずだったが、予定通りには行かなかった。チャールズ一世の後継者だと宣言する者はだれであれ反逆罪となる、と定める法令を大急ぎで議会にかけたものの、法案通過がぎりぎりになってしまったせいだ。チャールズが処刑台に姿を見せたのは、その日の午後二時になってからだった。このとき、彼がシャツを二枚着ていたのは有名な話だ。冬の寒さに震えているのを見られて、それを怖がっているためだと誤解されたくなかったからだという。

通りは人であふれていた。窓から身を乗り出す人、良く見えるようにと屋根や煙突に登る人。処刑台に上ったチャールズが、自分は「国民のために殉ずる者」だと高らかに言うと、見物人の一部がそ

国王チャールズＩ世の処刑。イングランド史に残る大
事件で、以後10年間、イングランドは共和政となる。

のとおりだと応じたが、専制君主の死を祝うために来ている人々もいた。「段階はもうひとつだけです」とカンタベリー大主教のウィリアム・ジャクソンが言った。「荒れ狂い苦難に満ちたものですが、きわめて短い（中略）それが地上から天国へ、栄光の王座へとあなたをお連れするでしょう」。チャールズはジャクソンに五ポンドか六ポンドの金貨を与えた。これから失おうとしている自分の頭部が刻まれている金貨だ。また、獄吏のサー・トマス・ハーバートには銀のアラームつき懐中時計を贈った。実は、これはふたりだけにわかるジョークだった。ハーバートが目覚まし時計を持っていたら、もっと早く起きられて、私を起こしてくれるのに、と以前チャールズが愚痴をこぼしたことがあり、チャールズはロンドンの時計職人にひとつ注文していたのだ。処刑の時点では、その時計はまだ届いていなかった。

処刑台には黒ずくめの人物がふたりいた。ひとりは年配のように見える人物で、有名な死刑執行人リチャード・ブランドンだと考えられた。当時のうわさでは、彼が国王を手にかけるのを嫌がったので、「騎兵中隊が彼をベッドから引っ張り出して、処刑場まで連れてくる」必要があったという。もうひとりは金髪の若者で、ウィリアム・ローウェンという以前は堆肥置き場の清掃人をしていた人物らしかった。ふたりとも身元がわからないようにと、覆面とつけひげを着け、分厚いコートを羽織っていた。もし王政が復活したら、ふたりに恐ろしい死が待っているのは確実だった。

チャールズはコートとガーター勲章をジャクソン大主教に手渡した。そして大主教と言葉を交わしていたとき、だれかが斧に手を触れようとしているのに気づいた。刃先を鈍らせて、祖母の二の舞を演じさせようとしているのではないか、とチャールズは思った。祖母のスコットランド女王メアリーの死は苦痛に満ちたものだった。そこでチャールズはこう訴えた。「斧を傷つけるな。そんなことをしたら私を傷つけられなくなる」。また彼は、断頭台が低すぎると文句を言った。そのせいでうつぶせで横たわるという、屈辱的な姿勢になってしまうからだ。「もう少し高くすればいいのに」と言うと、「これ以上高くできません」と死刑執行人が答えた。

断頭台がそれほど低かったのは、万が一国王が処刑を嫌がったら縛りつけねばならないので、断頭台の周囲の床にそのための設備が用意してあったからだ。だがそんな心配は無用だった。陰惨な死ではなく斬首を許されるような、家柄の良い人々の例にもれず、チャールズも品位を保った死に方とい

1718年5月31日、イングランドの死刑執行人ジャック・ケッチが刑場に連れて行かれるところ。無能で残酷なことで悪名高かったが、彼自身も、エリザベス・ホワイトを殺害したかどで絞首刑に処された。

うものを心得ていて、拘束する必要などなかった。腕を伸ばして合図をするから、そうしたら斧を振り下ろしてくれ、とチャールズは死刑執行人に言った。「はい、御意にかないますなら、そのように」と死刑執行人が答えた。「髪が邪魔か？」とチャールズは尋ね、白いサテンのキャップの下に髪を押しこんだ。そして、さあやってくれ、痛くないようにな、と死刑執行人に命じると、死刑執行人が、承知いたしました、と応じた。

チャールズは横になり、祈りを唱え始めた。そして死刑執行人が自分の真上で構えているのに気づくと、「合図を待て、合図を待て」と言った。目撃者によると、彼はしばらくしてから腕を伸ばし、死刑執行人が斧を振り下ろした。「すると、不意に一撃が下され、彼の首が肩からぱっと飛び出し、立錐の余地もないほど押しかけた無数の群衆全員から、これまで聞いたことのないようなうめき声が上がった」。死刑執行人の助手が首を掲げた。「反逆者の首を見よ」。こうしてイギリスは共和国になった。

一週間後、チャールズはウィンザーに埋葬された。共和国は短命に終わった。イングランド共和国の護国卿オリヴァー・クロムウェルが死去すると、一六六〇年にチャールズの息子が王位に復帰し、チャールズ二世となったのだ。あの死刑執行人たちの身元は特定されなかったが、ほかの「国王殺害者」、つまり死刑執行令状に署名した裁判官たちは逮捕され、処刑された。彼らに斧という慈悲は与えられず、首つり・内臓えぐり・四つ裂きの刑が待っていた。オリヴァー・クロムウェルのほか、チャールズ一世に有罪判決を下した裁判長ジョン・ブラッドショウなど、すでに死亡していた三人については、遺体が墓から掘り起こされ、タイバーン刑場でつるされた。そしてロンドン橋でさらし首になり、朽ち果てるまで放置された。

†不器用者ジャック・ケッチ

一方、チャールズ一世の孫のモンマス公爵は、祖父の祖母に当たるスコットランド女王メアリーさえ及ばないほどひどい最期を迎えた。彼はチャールズ二世の庶子で、父親が亡くなると、自分こそが王位を継ぐべきだと主張して反乱を起こした。だが、この反乱はチャールズ二世の兄弟で正統な王位継承者とされていたジェームズ二世に鎮圧され、モンマス公は一六八五年六月一五日にタワーヒルで処刑された。不運だったのは、その死刑執行人がジャック・ケッチという男だったことだ。ジャック・ケッチは残忍で無能なことで悪名高く、「ジャック・ケッチ」という呼び名がこれから二〇〇年にわたりイングランドの絞首刑執行人の代名詞になったほどだった。

「ほら六ギニー取っておけ」。モンマス公はそう言って、金貨を手渡した（今の価値で言うと八〇〇ポンドほどだ）。「手際良く務めを果たせるよう祈れ。ラッセル卿のときみたいにめった切りにするなよ。聞いたぞ、三回も四回も振るったそうだな」。実際には、ラッセルは二回斧を振り下ろされただけだが、首を切り落とすのにはナイフが使われていた。「二回振るっても動かずにいられるかわからないぞ」とモンマス公は言った。「手際良く仕事をしてくれたら、家来がもっと金をやるぞ」。彼はかつらとコートを脱ぎ、目隠しを断ってから、ひざまずいて首を断頭台にのせた。ところが、また身を起こすと、「頼む、斧に触らせてくれ」と言った。ケッチが斧を差し出すと、モンマス公は刃先に指を滑らせた。「あんまり鋭くないんじゃないか」。「十分に鋭くて重いです」とケッチは答えた。

こんなふうに言葉を交わしても、死刑執行人の緊張はあまりほぐれなかった。彼が最初に振るった一撃は、軽傷を負わせただけだった。モンマス公は立ち上がってケッチをとがめるように見つめてから、もう一度ひざまずいた。ところが、さらに二回斧を振るっても首は落ちず、モンマス公の体はまだ動いていた。三度目を振り下ろしたあと、ケッチは斧を放り出して言った。「できねえ。心臓が止まりそうだ」。そして、四〇ギニー（今の貨幣価値だと五〇〇〇ポンド以上）やるから、だれか代わって仕上げをしてくれないか、と言いだした。「斧を取れ」と執行官がケッチに命じた。「そいつを追放しちまえ！」と群衆が怒鳴りだし、仕事をちゃんと仕上げなかったら殺してやる、とケッチに罵声を浴びせた。

それからもう二、三度斧を振り下ろすと、モンマス公は動かなくなり、ケッチはナイフを使って最後の仕上げをした。ところがここでも、少なくとも五回、おそらく八回以上は切りつけて、ようやくモンマス公の首を落とした。このときには、群衆は狂乱状態だった。ハンカチを血に浸す者もいた。というのも、群衆の多くがモンマス公のことをプロテスタント信仰の殉教者だと思っていたからだ。ケッチはそんな群衆に八つ裂きにされかねず、付き添いに守られるようにして立ち去るはめになった。

モンマス公の遺体は、埋葬予定地のロンドン塔王室礼拝堂に運ばれた。ただし、その前に彼の首がもとどおり縫い合わされた。前国王の息子として、王族肖像画を描けるようにするためだった。翌年、ケッチは女性殺害のかどで絞首刑になった。ケッチの処刑を行った死刑執行人ジョン・プライスも、のちに同じ絞首台で処刑された。

†ジャコバイトの反乱分子

運が悪いと言えば、もうひとり、バルメリノ卿アーサー・エルフィンストーンもそうだった。一七四六年のジャコバイトの反乱、カロデンの戦いで逮捕された彼は、ジャコバイトの同志、キルマーノック卿とラヴァト卿と共に、ロンドンへ連行されて裁判を受けた。そして反逆罪で有罪となり、首つり・

内臓えぐり・四つ裂きの刑という判決が出た。彼らは貴族という地位にふさわしい寛大な処置を求めることもできたが、それを拒んだ。それでも結局、斬首刑に減刑された。

最初に処刑台に登ることになったのは、バルメリノ卿とキルマーノック卿だった。ロンドン塔長官代理の代理アダム・ウィリアムソン中将が死刑執行令状を送達したのはちょうど夕食時で、告知を聞いたバルメリノ卿夫人はたちまち卒倒してしまった。「中将」とバルメリノ卿は怒鳴り声を上げた。「きみの忌々しい令状のせいで、家内の食欲が台無しになってしまったじゃないか！」。

一七四六年八月一八日、バルメリノ卿とキルマーノック卿は、家族や友人と最後の朝食を共にすることを許された。そして二人は、どちらが先に行くか、コインを投げて決めることにした。勝ったのはキルマーノック卿だった。銃剣を携えたロンドン塔のヨーマン・ウォーダーズ（看守）や兵士に護衛され、二台の霊柩車を従えて、キルマーノック卿とバルメリノ卿はタワーヒルの処刑台までの短い道のりを歩いて行った。二人は高さ二フィート（約六一センチ）の断頭台を希望し、処刑台の下に衝撃を吸収する支柱を設置するよう求めていた。またウィリアムソンによると、「二人の首を受けるために赤いベーズの布切れが敷かれ、首が落ちたとき台の上のおがくずや汚物にまみれてしまわないようにしてあった」。

バルメリノ卿もキルマーノック卿も、あっぱれなほど冷静沈着だった。ところが残念ながら、死刑執行人のジョン・スリフトのほうがそうではなかった。彼は絞首刑の執行人としては十分有能だったが、この当時、斬首刑の執行はめったにないことだったのだ。異様極まりないことに、こんな場にも彼は白い服を着ていた。

ジャコバイトの死刑執行は大勢の人々を引き寄せた。夜明け前にはもう大群衆が集まって、バルコ

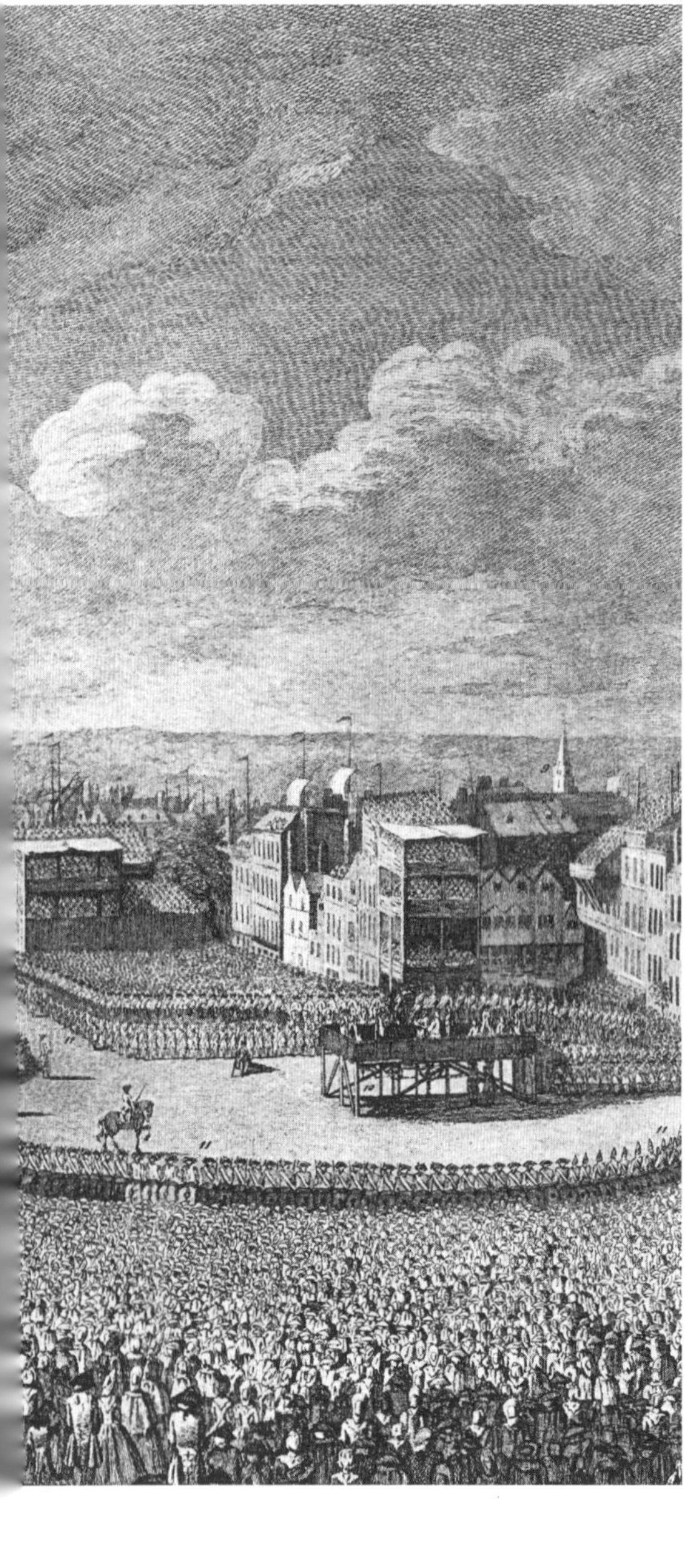

ニーや屋根にも群がっていたばかりか、プール・オブ・ロンドンに停泊している船のマストやロープにしがみついている者までいた。二人が処刑台に近づくと、とどろくような怒鳴り声が上がった。それだけでスリフトには参ってしまうことだった。彼は気絶してしまい、処刑台の役人が気つけのワインを一杯、彼に飲ませるはめになった。

先に行くのはキルマーノック卿だった。彼が処刑台に上がると、スリフトは急に泣きだした。気を落ち着かせようと、スリフトはもう一杯ワインをあおった。ところが、キルマーノック卿がスリフトの手に金の入った袋をそっと渡したせいで、スリフトはますます緊張して体がこわばってしまった。キルマーノック卿はスリフトに許しを与え、ひざまずいた。スリフトは彼に、断頭台から手を離してくださいい、と言った。「手がめちゃくちゃになったり、斧を邪魔したりするといけませんから」。そし

バルメリノ卿とキルマーノック卿は、1746年８月、
タワーヒルでジョン・スリフトによって処刑された。
バルメリノ卿の処刑はうまくいかなかった。

て一歩下がると、斧を持ち上げ、キルマーノック卿の合図を待った。キルマーノック卿が手に持ったハンカチを落とすと、

「キルマーノック伯爵の首は一撃で体から切り落とされた。わずかに切り残された皮も、ちょんと軽く切ったらすぐに離れた。これより前、伯爵は自分の看守のひとりに従者として付き添うよう命じていた。手足がばたついたり、ひどいけいれんが起きたりしたら体を押さえつけてもらうためだった。だが、処刑台にいた人々によれば、その一撃で、体は断頭台からぱっと後方へ倒れ、仰向けに、手足を伸ばして横たわった。首がかろうじてつながっている状態で、そのつなぎ目を死刑執行人が切り離した。ということは、首が一撃で体から切り離されたら、必ずやあのようにけいれんして飛び跳ねるものなのだろう」。

気配りが行き届いていたことに、キルマーノック卿は自分の処刑後に新しいおがくずを処刑台に敷けるようにと、少しばかり別の金を出していた。バルメリノ卿が血まみれのなかを歩かなくてもすむようにするためだった。ところが、スリフトの一撃のせいか、キルマーノック卿の体が弾んでしまったせいか、断頭台が動き、それが二番目の男に不運な結末をもたらすことになった。

スリフトはしばらく時間を取って新しい白い服に着替え、その後、バルメリノ卿が処刑台に登ってきた。最後まで挑戦的だったバルメリノ卿は、赤の縫い取りをした青いコートをまとっていた。ボニー・プリンス・チャーリー（チャールズ・エドワード・ステュアート）の反乱軍の制服だ。しかも、スコットランドへの忠誠を示すタータンの帽子をかぶっていた。ただし、カロデンの戦いの後、タータン着用が

禁止されていたので、この帽子はかつらの下にかぶらねばならなかった。また彼は、毛織の肌着を着ていたが、これが死に装束だと言っていた。

処刑台でスピーチを始めたバルメリノ卿は、自分が「天国へ召されるように」と祈って乾杯してくれ、と静かに友人たちに語りかけた。そして群衆に向かい、自分は「忠誠心にあふれた真なる反革命主義」において送りだされたのだと言った。彼の言う革命とは、イングランドとスコットランドを合併する合邦法と、王家をステュアート家からハノーヴァー家に変えたことを指す。彼はジェームズ二

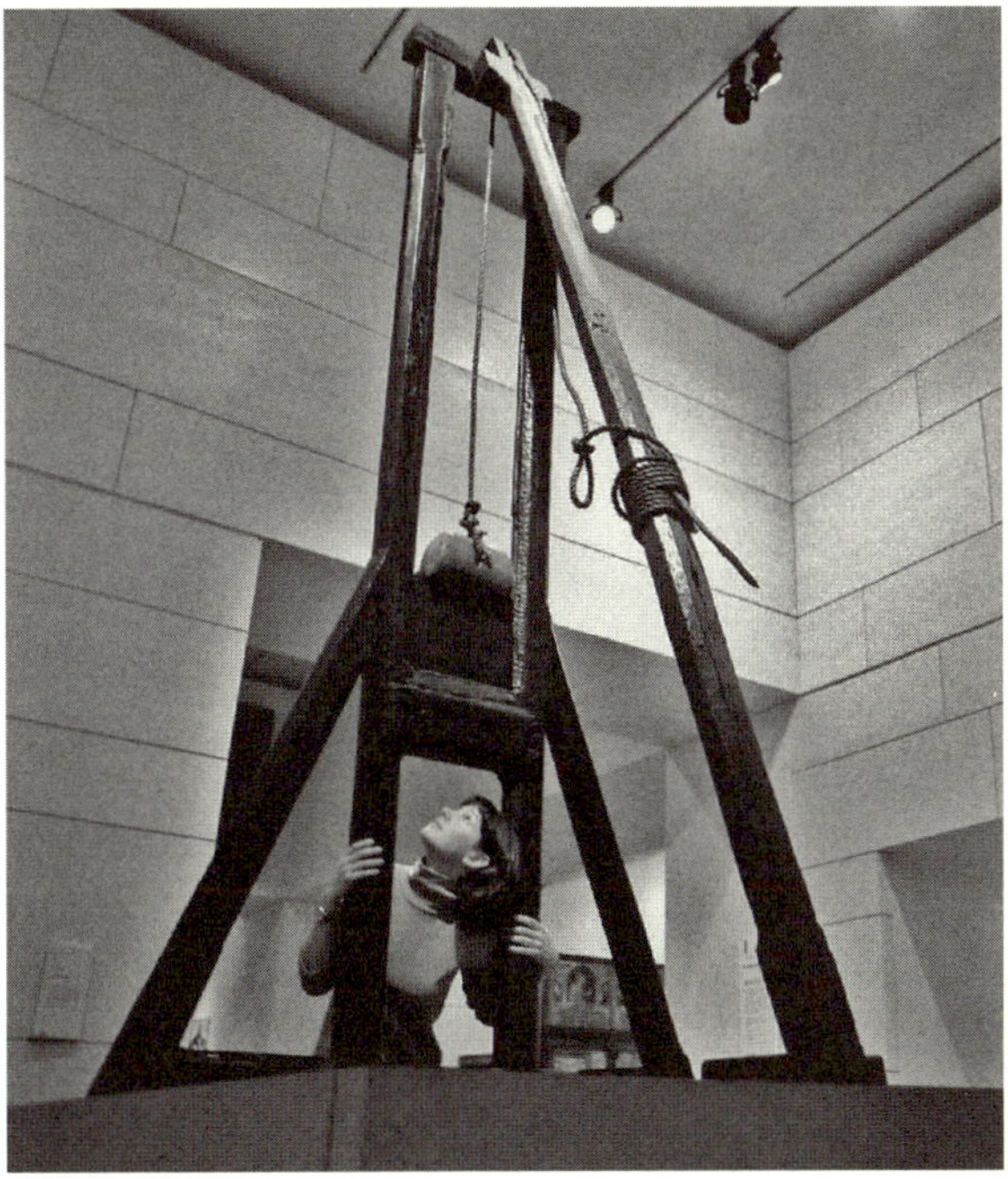

ギロチンの先駆、スコッチ・メイデン。スコットランド国立博物館に収蔵されている。

世の孫ボニー・プリンス・チャーリーこそ、「たぐいまれな優美さ、温厚さ、思いやり、正義感、節度、忍耐力、勇気」を備えた人物だと言った。バルメリノ卿から見れば、この男こそがグレートブリテンの正統な国王だった。

スリフトがバルメリノ卿に許しを請うと、バルメリノ卿はこう言った。「友よ、私に許しを請う必要はない」。そしてスリフトに三ギニー（三・一五ポンド、今の貨幣価値で四〇〇ポンド）渡した。「私は金持ちだったことがないのでね、これが今の全財産だ。君のためには、もっとあったらいいのだが。残念ながらほかに足しになるのはコートとチョッキだけだ」。そう言って服を脱ぎ始め、処刑台に広げた。だが、この言葉も行動も、スリフトを落ち着かせる助けにはならなかった。

バルメリノ卿はしばらく考えてから、断頭台のどちら側にひざまずくかを決めた。ニューゲイト監獄に収監された実在の犯罪者たちについて記録した一八世紀の出版物、『ニューゲイト・カレンダー』に書かれた当時の話によると、それから「彼はすぐさま、震えることもなく顔色一つ変えずに、断頭台にひざまずき、腕を伸ばして言った。『主よ、我が友に報いをお与えください、我が敵に許しをお与えください、我が魂をお迎えください』。そして腕を下ろして合図を送った」。ところが、バルメリノ卿の合図に、スリフトは平静を失ってしまった。「彼が並外れてしっかりした大胆不敵な態度で、思いがけず急に合図を送ってきたせいで、死刑執行人はひどく驚いてしまい、そのため、その部分を狙って振り下ろしたものの、その一撃は彼に深手を負わせるには十分な強さではなかった。彼は首をひねって死刑執行人のほうを向こうと、力を振り絞っているかのように見えた。下あごが下がったかと思うと、すぐに戻った。怒って歯ぎしりしているかのようだった（中略）すぐさま二度目の斧が振り下ろされ、彼は完全に意識不明になった。そして三度目の斧で仕事が終わった」。

ベルリンの斬首刑。ドイツの死刑執行人の伝統的な
服装をしている。

一二月八日のスリフトも同じようなものだった。一七一五年の反乱後に処刑されたダーウェントウォーター伯爵の弟、チャールズ・ラドクリフの首をはねたときだ。死刑判決を受けたラドクリフは、ニューゲイト監獄から脱獄したが、一七四五年の反乱のためにフランスの船でスコットランドへ武器を持ち帰ろうとしたところを再び逮捕された。彼はスリフトに一〇ギニー（一〇・五〇ポンド、今の貨幣価値にして一三〇〇ポンド以上）与えた。このときも、スリフトは三度斧を振り下ろして、ようやくこの不運な男の首を切り落とした。

†イングランド最後の斬首

最後のひとり、同じくジャコバイトの四五年の反乱を支援したラヴァト卿は、どのみち斬首されるなら、スコッチ・メイデンというギロチンの前身のような処刑器具を使ってエディンバラで処刑してほしい、と願い出ていた。『ニューゲイト・カレンダー大全』には、この道具についてこう書かれている。

「画家のイーゼルのような形で高さは三メートルほど。下から一メートルくらいのところに横木があり、そこに重罪犯が頭をのせると、上方のもう一本の横木で首を押さえつけるようになっている。この枠の内側には溝があって、その溝に鋭い斧がしこまれている。この斧には大きな鉛の重しがついており、重しの上には重しを支えておくためのピンがあって、そのピンにロープが結びつけてある。死刑執行人がロープを切ると、斧が上から落下し、所期の目的を十分に果たすようになっている。一般的な方法では、犯罪者が何度も斧でたたき切られて苦しむというのが実情だが、これならそんな不運な犯罪者を出さずにすむ」。

スコッチ・メイデンの設計は、ハリファクス断頭台という処刑器具がベースになった。ハリファクス断頭台も、斧を持ち上げておくためのピンとロープがついている。そのロープを引くのは、処刑に立ち会う男全員だ。ただし、家畜を盗んだ者を処刑する場合は、盗まれた動物にロープを結びつけ、その動物にむちを入れると、ロープが引っ張られ、ピンも引き抜かれて、効果的に処刑を行う。この道具がフル稼働するのを見たモートン伯爵が、これに感心して、似たような仕掛けを一五六五年にエディンバラで作ったのだ。これがスコッチ・メイデンと呼ばれるようになった。スコッチ・メイデンでは約一二〇人が処刑されたが、かのモートン伯爵自身もそのひとりだった。

スコッチ・メイデンは信頼性が高かったので、ラヴァト卿がジョン・スリフトの手荒い扱いよりもスコッチ・メイデンのほうを好んだのも無理はない。だが、国王はラヴァト卿の希望を却下し、ラヴァト卿も反乱の同志と同じように斧を突きつけられることになった。

一七四七年四月九日、ラヴァト卿は早朝五時に起床し、ワインと水を数杯飲んでから、かつらに櫛を入れた。その後、またワインと水を飲みながら、朝食に子牛のひき肉を食べた。死を前にしてどう思うか、とロンドン塔の獄吏の少佐に聞かれ、ラヴァト卿はこう答えた。「むろん、うまくやるよ。覚悟はできているからね。あそこは少佐じゃまず行けないところだし、中将でもめったに行かないところだからな」。午前の半ば、執行官がラヴァト卿をタワーヒルへ連れて行った。タワーヒルにはすでに夜明けから大群衆が集まっていた。群衆が押し合いへし合い殺到したせいで処刑台が崩れ、二〇人もの死者が出たほどだった。当時もう八〇歳近い老齢だったラヴァト卿は、そんな大群衆を見てびっくりした。
「神よお助けください。老いぼれの白髪頭を取るだけのことなのに、なぜこんな大騒ぎをしなくちゃならないんだ？　男ふたりがかりで助けてもらわなけりゃ、三段登ることもできないのに」と彼は言った。大急ぎで建て直した処刑台に着くと、彼はビターズ入りのブランデーを一杯、執行官から渡された。そして、看守ふたりに支えられながら段を登り、慣例どおりスリフトに財布を与えた。「ほら、一〇ギニーあるから取っておきなさい」とラヴァト卿は言った。「うまく務めが果たせるよう祈ってくれ。もし私の肩をたたき切ったりして、私がまた立ち上がれるようだったら、おまえを怒鳴りつけてやるからな」。それから斧の刃先に指を走らせ、これならやれるはずだ、とつぶやいた。

頭を断頭台に置くまえに、ラヴァト卿はホラティウスの言葉を口にした。「祖国のために死ぬとは、甘美にして名誉あること」。それからオウィディウスの無実の弁明を引用してみせた。「我らの父祖が成し遂げながら、我ら自身は分かち合えなかったこと、そんなものを私は自分のものとは呼べない」。彼は頭を断頭台にのせた。この時のスリフトは上出来だった。ラヴァト卿の首は一撃で切断されたという。ロンドン塔内にある断頭台には、深い溝がふたつ刻まれている。溝のひとつは、練習として斧を振り下ろした跡らしい。

こういった仕事のせいで、スリフトはロンドンのジャコバイトを敵に回してしまった。どこに行っても、ジャコバイトに石を投げられたり、「ジャック・ケッチ」とばかにしてはやし立てられたりした。そして一七五〇年のある日の夕方、スリフトはドルリー・レーンにある自宅の近くで男たちの集団に襲われた。彼は家のなかに駆けこみ、身を守ろうと短剣をつかんだ。それから乱闘が始まり、ひとりの男が死んだ。スリフトは逮捕され、裁判の結果、死刑宣告を受けた。その後、アメリカの植民地へ移送される流刑に減刑されたが、刑の執行を前にロンドン市は、彼がいなくなったら、有能な絞首刑執行人を失うことになる、と気づいた。斧のほうは大したことなくても、ロープを使わせたら、スリフトは今や名人だったのだ。そこで、元の職業に戻るなら恩赦を与えよう、と申し出たが、それまで一六年間も処刑台で仕事をしてきたスリフトは、もうたくさんだった。彼は一七五二年五月五日にこの世を去った。

イギリスの植民地では、斬首刑は一般的ではなかった。北米植民地でも、斬首という処刑方法はまれだった。ただし、ユタ準州の一八五二年の法律では、銃殺か絞首か、それとも斬首か、どれかを選ぶ権利が死刑囚に与えられていた。というのも、一八四七年に入植したモルモン教徒の開拓者が、「血の贖罪」の教えを信じていたからだ。創世記の第九章六節にはこうある。「人の血を流す者は、人によって自分の血を流される。人は神にかたどって造られたからだ」（日本聖書協会『新共同訳聖書』より訳文引用）。

†ドイツでの廃止

ヨーロッパ大陸でも、斬首はもっとも一般的な処刑方法だった。ドイツでは、刃先が幅広い斧（斧というより肉屋の使う肉切り大包丁に近い）が使われた。この斧は柄が長く、両手で持てるようになっていた。斧と断頭台を使った斬首刑が最後に行われたのは一九三五年だ。処刑されたのは、スパイ行為で有罪になったベニータ・フォン・ファルケンハイン男爵夫人とレナーテ・フォン・ナッツメルだった。死刑執行人のカール・グロプラーは、伝統的な燕尾服とシルクハット、白手袋を身に着けていた。斧を使った斬首刑は一九三八年に廃止になった。斧ではなく絞首刑かギロチンにするようにと、アドルフ・ヒトラーが命じたのだ。

第三章

剣による死

アン・ブーリンの処刑が斧でなかったのは有名な話だ。ヘンリー八世の温情で、剣による斬首を特別に認められたのだ。ところが残念ながら、イングランドの死刑執行人はだれひとり剣を使った経験がなく、そのため、当時イングランドの占領地だったフランス北部カレーから剣の達人を呼び寄せた。この時、そのフランス人死刑執行人は特別な服装をしていた。ぴったりとした黒のスーツ、角の形をした山の高い帽子、顔の一部を覆うマスク。こうした衣装の代金は、ロンドン塔の管理長官が払った。「カレーの死刑執行人に報酬と衣装代を与えるため」一〇〇フレンチ・クラウン（二三ポンド、今の貨幣価値で約七五〇〇ポンド）が要ると前もって言われていた。

死刑執行日の一五三六年五月一九日、アンは午前二時に起床して、ミサに三回出席し、七時に少しだけ朝食を取った。そして一一時、ロンドン塔の管理長官が彼女の部屋にやって来て、タワー・グリーンへ彼女を連れて行った。この処刑は、ロンドン塔城内で非公開で行われることになっていたが、立

悪い知らせを聞かされるアン・ブーリン。ヘンリー８世が彼女を反逆罪で死刑に科したことを知る。

会人として、宮廷の貴族たち、ロンドン塔の役人たち、ロンドン市長、市の長老議員、ヨーマン・オブ・ザ・ガード（国王の護衛兵）二〇〇人も見守っていた。アンを厄介払いしたヘンリー八世はどこにもいなかった。

タワー・グリーンの処刑台は、管理長官の計らいで「立会人全員が見えるよう非常に高く」造ってあった。高さが五フィート（約一・五メートル）もあり、床には麦わらが敷き詰められていた。その麦わらの下に、死刑執行人の剣が隠してあった。アンはダマスク織の黒いガウンに赤のアンダースカート、白いアーミンの毛皮のカラーと小さな帽子を身に着け、金色の祈禱書と白いハンカチを持っていた。彼女の瞳は輝いていて、ついさっきまで泣いていたことが明らかに見てとれた。彼女は管理長官の助けを借りて処刑台に上がった。目撃者によると、アンはそれまでになく美しかったという。集まった人々を見渡しながら彼女は、私は姦通の罪など犯していない、国王の貞淑な妻であり忠誠なる臣下だ、と言った。

「善きキリスト教徒たる私は、説教をするためにここへ来たのではありません。死ぬために来たのです。法律に従い、法律によって、私は死刑の判決を下されました。ですから、そのことに反論するつもりはありません。こちらへ来たのは、だれかを責めるためではなく、私が告発され死刑判決を受けた罪について話すためでもありません。神よ王を救いたまえ、長きにわたり君臨させたまえ、と祈りましょう。あれほどご立派で情け深い王はどこにもおられませんし、私にとって王さまは、いかなる時も善良でご立派な君主であらせられました。そして、私のことに干渉しようという人がいるなら、私は彼らが最高の判断をなすよう求めます。これでこの世を去り、みなに別れを告げるとしましょう。みなが私のために祈ってくれるよう心から望みます」。

彼女はケープと帽子を脱ぎ、宝石を外し、白いキャップの下に髪をたくしこんだ。そして侍女に聖書を手渡し、死刑執行人に許しを与え、首尾よく仕事をするようにと金を渡してからひざまずいた。そこに断頭台はなかった。大陸の死刑執行人は水平に剣を振るって首をはねる。侍女が麻のハンカチでアンに目隠しをした。この時まで、アンは平静を保っていた。目撃者によると、「彼女は死の一撃を受ける覚悟を固めていて、服のすそで足を覆ってみせるほど落ち着き払っていた」という。「主よ、私にどうかお慈悲を」と彼女は言った。「神に私の魂をゆだねます。イエス・キリストに私の魂をゆだねます。イエスさま、私の魂をお迎えください」。死刑執行人が剣を取り出し、アンのほうへ歩い

1525年のドイツ農民戦争で処刑される貴族の「反逆者」。

て行くよう助手に合図を送った。これを聞き、アンが振り返った。と、死刑執行人が剣を振るい、鮮やかな一太刀でアンの首が落ちた。彼が首を掲げ、それを見た何人かの貴婦人たちが失神した。

男性にやらせたら遺体を辱めることになる、と案じた宮廷の貴婦人たちは、自分たちで遺体を運び、白い布にくるんだ。死刑執行人が棺を注文していなかったらしく、管理長官が近くの武器庫から木製の矢箱を持ってこさせた。そしてアンは、ロンドン塔王室礼拝堂の祭壇の地下にある墓所に埋葬された。

†ドイツの剣

ドイツの斬首刑は、ほとんどの地域で斧よりも剣が好まれた。使ったのは両手で持つ剣で、刀身の長さが一メートル前後、幅が五〜七センチ、重さが二キログラムほどあった。また、装飾があり、剣の先がとがっている必要はなかったので、切っ先は丸みを帯びていた。刀身の側面、柄に近いところには、縦に細長い溝「樋」が刻まれていて、血が刃先で凝固せずに柄のほうへ流れるようになっている。たとえば、リーズのロイヤル・アーマリーズ博物館には、花模様が刻まれた剣がある。刀身の片面にドイツ語で「主人が悪を処罰し、私がその裁きを執行する」と刻まれていて、もう片面には「剣を振り上げるとき、私は罪人が永遠の命を得られんことをと祈る」とある。また、ひどい重罪を犯した囚人が車輪に縛りつけられて体を砕かれる様子も描かれている。このほか、絞首台を彫刻した剣などもある。

剣のさやは木製で、皮が巻いてあり、金属製の部品がついている。それに、付属の小さなさやも取り付けてある。そこには小さなナイフが入っていて、そのナイフは、舌を切り取ったり、腹部を切って内臓を抜いたりするのに使う（使うかどうかは、裁判所が出した判決による）。断頭台は使わない。剣を下

切断したばかりの首を群衆に見せる死刑執行人。
16世紀ごろ。

に振り下ろしたら、首を切断するまえに剣先が木製の断頭台に食いこんでしまうからだ。フランス同様、水平に剣を振るう。

剣で首をはねるのには技が必要だ。斧の使い手と同じで、下手な死刑執行人だと、見物人に襲撃されることも多かった。たとえば一五〇九年、プラハ城で下手くそな斬首をした死刑執行人が、石を投げられて殺されている。

†死刑執行のスペシャリスト、フランツ・シュミット

ドイツで死刑執行の第一人者と言えば、フランツ・シュミットという人物だ。彼は一五七三年から一六一七年までニュルンベルクの死刑執行人を務めたばかりか、ニュルンベルク以外の、自前の死刑執行人がいない地域へ「出向」することもよくあった。彼の父親もバンベルクの死刑執行人だった。イングランドの死刑執行人と違って、シュミットは酒も飲まず、市からもらう金で質素に暮らし、ペグニッツ川にかかる石橋のところにある城館に住んでいた。

シュミットは本給だけでなく、死刑や拷問を行うたびに特別手当をもらっていたが、土壇場になって処刑が延期された場合にも手当があった。ドイツでの一般的な処罰は、自分が死刑を宣告されたことを囚人に確信させることから始まる。まずシュミットが囚人の独房を訪れ、型どおりのわびを言いながら囚人の手を縛り、その肩に白いケープをかける。それから、囚人は法廷に連れて行かれ、判決が読み上げられるのを聞く。その後、騎馬警官ふたりに護衛され、秘跡を執り行う司祭ふたりに付き添われて、ニュルンベルクに二か所ある処刑台、ホーホゲリッヒト（「高い絞首台」の意）かラーベンシュタイン（「カラスの石」の意）のどちらかへ、行列を作って歩いて行く。ただし、囚人が病人か老人の場

合は、荷車に乗せられて行くし、特に凶悪な犯罪を犯した囚人なら、縛り上げられて雄牛の皮か木のそりに乗せられ、処刑台まで引きずられる。この場合、だれかがそばにいて頭を持ち上げてやらないと、道路に敷いた石でけがをすることがある。囚人の後ろには、死刑執行人の助手、棺桶、そして来るべき試練に耐えるための強い酒が続く。

処刑を見ようと集まった群衆の間を抜けて、この行列が終わると、囚人は処刑台に登る。処刑台は巨大な石造りの基礎の上に高く建てられ、群衆から良く見えるようになっていた。見物人の多くが、酒を飲んで囚人と役人に罵声を浴びせたが、シュミットには声援を送った。そしてシュミットが、だれであれ処刑をやめさせようとする者、犯人の死の報復をしようとする者は、その報いを受けることになる、という声明を読み上げる。囚人が神のみもとへ行く用意ができたら、死刑執行人が剣

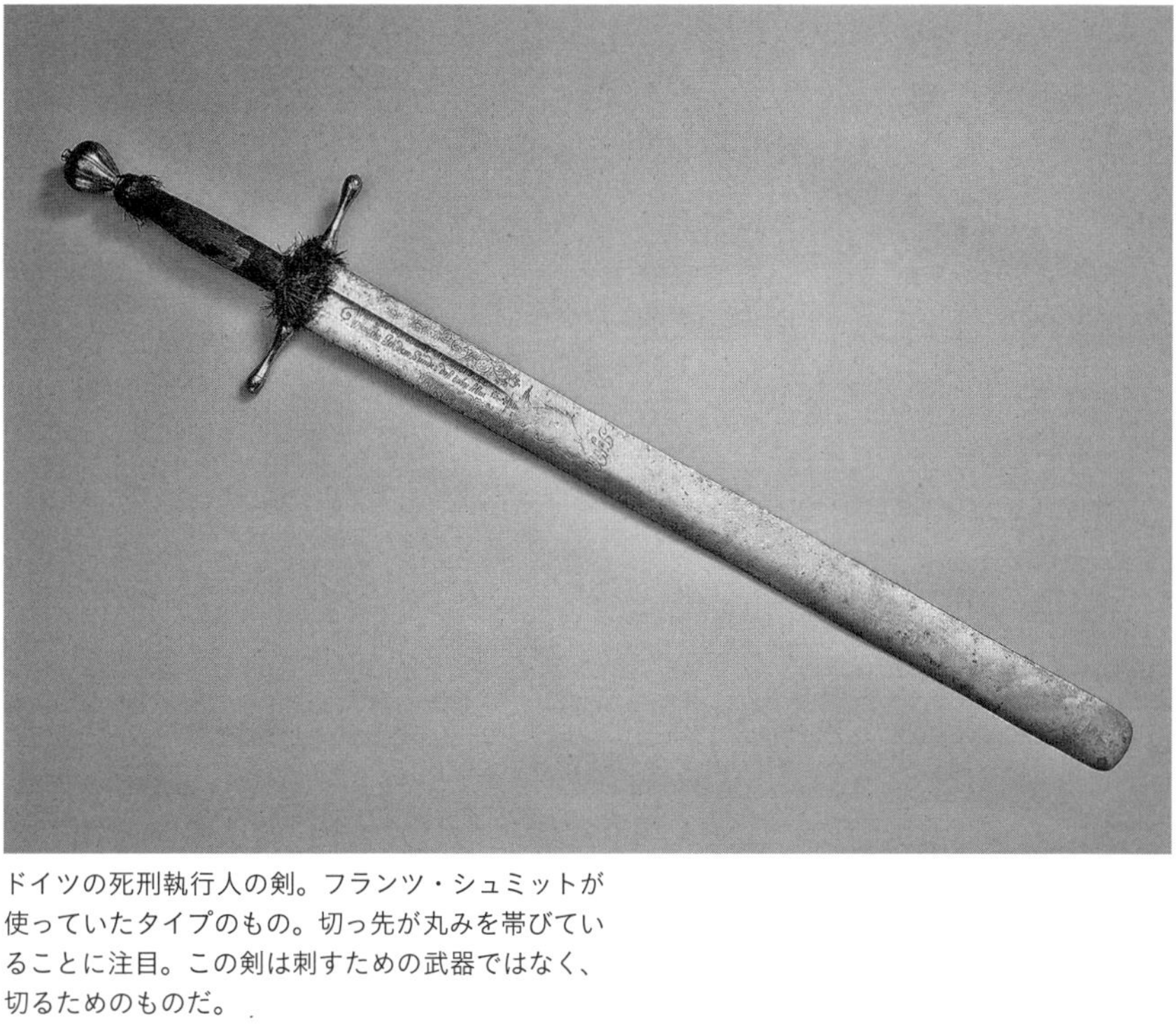

ドイツの死刑執行人の剣。フランツ・シュミットが使っていたタイプのもの。切っ先が丸みを帯びていることに注目。この剣は刺すための武器ではなく、切るためのものだ。

をくるくると素振りし、徐々にスピードを上げていって最後の一撃を振るう。この時になってようやく囚人は、剣が頭上できらめいているだけなのか、それとも「情けの一撃」でとどめを刺してくれたのかを知ることになる。たとえ刑の執行が延期されたとしても、この恐怖はいつまでも心に強く残る。

シュミットは自分が処刑する囚人を縛り上げたりしなかった。そのため、囚人がぶるぶる縮み上がったり、ゆらゆら揺れたり、ひょいと身を引いたりして、一撃では終わらない可能性もあったが、二太刀目が必要になるのはまれだった。多くの場合、囚人は絞首刑よりも斬首刑を望んだ。当時もまだ、絞首よりも斬首のほうが名誉ある死だと思われていたのだ。絞首刑になるのは、たいてい泥棒や常習犯だった。一六〇九年には、父親を斬首刑にしてくれ、とふたりの娘がシュミットに泣きついてきたこともあった。もし父親が絞首刑になったら、ふたりとも婚約者に結婚を破棄されてしまうからだという。

ところで、シュミットは解剖が趣味だった。イングランドの絞首刑執行人と同じく、死体を医学校へ提供するのも仕事のひとつで、自分でも処刑した囚人を解剖していたし、ニュルンベルクの拷問吏でもあった。こんなことを聞くと、かなり猟奇的だと思うかもしれないが、実際の彼は情け深い男だったらしい。ニュルンベルクでは一五一三年まで、姦通罪で有罪となった女性は生き埋めになっていたし、その後も溺死させられていた。そうしたことに対し、首をはねて、もっと素早く慈悲深い死を与えるべきだ、と主張したのがシュミットだった。シュミットは自分の思いどおりにしたが、それでも、か弱い女は気を失ってしまうかもしれないから、地面の上で首を切るはめになるのではないか、という批判もあった。そこでシュミットは、念のため死刑囚の女を椅子に座らせ、後方から剣を振るって女の首をはねることにした。

また彼は、イングランドの大半の死刑執行人と違って読み書きができ、日記をつけていた。一五八〇年一月二六日の日記には、幼児殺しを犯した女三人の首をはねたとある。二二歳のアグネス・レングは、自分の赤ん坊を絞め殺してゴミの山に隠した。やはり二二歳のエリーザベト・エルンストも、自分の子の頭蓋骨を割り、遺体をトランクに隠した。そして五〇歳（シュミットによれば、どう見ても誤りらしいが）のマルガレータ・デルフラーは、「砦の裏手の庭で」出産し、そのまま赤ん坊を雪のなかに放置して死なせた。三人ともすみやかに斬首され、その首は絞首台に釘で打ちつけられた。「ニュルンベルクでは、これまで斬首刑になった女はひとりもいなかった」。

女中のマルガレータ・ボックは、頭のシラミを取ってくれと女主人のフォン・プローベン夫人に言われ、斧を手に、背後から夫人を殴打して即死させた。一五八〇年八月二六日、彼女は荷車で処刑台に運ばれた。シュミットは真っ赤に焼けたペンチで彼女の生身を二度引っ張ってから、立たせたまま彼女の首をはねた。彼女の胴体は処刑台の下に埋められ、首のほうは処刑台の上でさらし首になった。

アンナ・ビショフは、すでにヴュルツブルクで両ほほに焼印を押され、むち打たれていた。彼女は身ごもっているからと言って助命を嘆願していたが、農家に放火したかどで死刑の判決を受けた。シュミットは彼女の首をはね、その首を処刑台でさらし、胴体を焼いた。アンナ・パイエルシュタインは「さる父親と息子を相手に肉体関係を持った。ふたりとも既婚者であり、彼女もそうであった。また、同様に、既婚の男や若者ら二一人とも関係した。彼女の夫も結託していた」。彼女は立ったまま剣で斬首され、夫はむち打たれ町から追放された。

バルバラ・ヴァーグナーは、コンラート・ツヴィッケルと再婚できるようにと、夫のポリッジに殺虫剤を入れ、夫に疑われないように自分もスプーン三杯だけポリッジを食べてみせた。それでも、彼女の犯罪はばれた。しかも裁判所の調べで、彼女にはツヴィッケル以外にも男がいたことがわかった。ほかにも一八人の男と肉体関係を続けていて、そのなかには既婚者もいた。シュミットは「温情として」彼女を絞首刑ではなく斬首刑にした。アグネス・ロスナーも首をつられるところだったが、この「哀れな女は首が曲がっていた」ので、シュミットは斬首刑に変えた。

それほど幸運ではなかったのが、マリーア・キュルシュナーだった。一五八三年一月一〇日、彼女を含めた若い娼婦三人は、さらし者になってから、むち打たれ、町を追放された。その後、マリーアは盗みで捕まり、罰として耳を切り落とされたうえ、絞首刑に処せられた。

シュミットは死刑執行人を務めていた四四年間に、三六〇人の死刑を執行した。そのうち四二人が女性だった。もっとも忙しかったのは一五八〇年で、この年だけで二〇人を処刑した。このなかには、車輪刑にかけられた殺人犯がふたり、絞首刑になった殺人犯ふたりと窃盗犯九人が含まれる。

シュミットの日記には、一度読んだら忘れられないような記録がまだたくさんある。一五七六年のハンス・パイヘルという男の処刑記録によると、この男は「三人を殺害した。二年前、私は彼の耳をそぎ落とし、むち打ち刑を行ったが、本日、フォルヒハイムにて彼を打ち首にした」。フォルヒハイムはニュルンベルクから北へ三〇キロほど行ったところにある都市だ。また一五七九年八月六日、シュミットは窃盗犯三人の首をはねたが、この処刑では、見物に来たディーテリヒ夫人が、死刑囚のひとりが自分の夫だと知って、夫を「抱きしめキスをした。彼女はそれまで夫が逮捕されたことを知らず、夫がそういった部類の男だということも知らずにいたからだ」。また、一五八一年八月一〇日にシュミットが首をはねたのは、「ゲオルク・シェルプフ、好色。雌牛四頭、子牛二頭、羊一頭を獣姦したかどで有罪。自然に反する悪徳のためフェレンにて彼を斬首し、その後、彼の遺体を焼却した。雌牛一頭を添えた」。どうして雌牛一頭だけを焼いたのかは不明だ。

シュミットの記録には、旅の道連れから盗みを働いたゲオルク・ブラウンという男の奇妙な事件も書かれている。この男は、ウィーンで衣類の詰まった旅行カバンと白の靴下一足を盗んだ。シュミットは一六〇二年九月一四日に彼の首をはねたのだが、その首を石の上に置いたとき、「まるであたりを見回すかのように、首が数回ぐるぐる回り、まるで話したがっているかのように、舌が動き、口が開いた。これがたっぷり七分半は続いた。このようなことは見たことがなかった」。

不特定多数を相手にした性行為は、男も女も死刑宣告を受けた。一六一二年六月二三日、シュミットはエンドレス・フォイアーシュタインという男を処刑した。この男は父親と共同で学校を経営していて、自分の学校に通っている少女たち一六人を餌食にしたのだ。この時もシュミットは、「温情」として彼を斬首刑にした。

アンドレアス・ブルンナーは、雷雨を全能の神のせいにしたかどで、冒瀆罪で有罪となった。シュミットは彼の舌を引き抜き、処刑台でさらし者にした。群衆が彼に罵詈雑言を浴びせられるようにするためだが、これは完全にお先真っ暗という刑罰ではない。スリと殺人を犯したハンス・ディーツは、斬首刑を受けに行く道すがら、ずっと歌っていたし、とことん楽天的だったハンス・ペルストナーという馬泥棒は、フロリン金貨五枚と靴一足をやるから立場を入れ替わってくれないか、と死刑執行人の助手にもちかけたという。

†無能な処刑人

シュミットは一六一七年に引退し、生まれ故郷のバンベルクへ戻って一六三四年に亡くなった。彼のためには立派な葬儀が行われ、市の幹部らも大勢出席した。シュミットの後を継いだ死刑執行人にも有能な者がいた。たとえばマティーアス・ペルガーは一六四五年一〇月二〇日、重罪犯が最後の瞬間に両腕を上げたので、首もろとも両手も切り落としてみせた。また、一太刀でふたつの首を切り落とした者もいる。後年のライプツィヒでは、聖歌隊をバックに死刑を執行してみせた死刑執行人もいた。この時の聖歌隊の指揮者は、だれあろうヨハン・ゼバスティアン・バッハだった。

ただし、めまいがするほど下手くそだった処刑人もいる。そのひとりが、一六四一年にバンベルクの死刑執行人だったファルティン・ドイッサーだ。彼が不運な女性の首をはねることになっていた死刑について、市の記録にはこうある。

「その哀れな罪人は病弱で、処刑台まで手を引いて行かねばならないほどだった。彼女が椅子に座ると、死刑執行人のマイスター・ファルティンは猫が熱いスープの周りを歩き回るかのように、彼女の周りを歩き回った。そして、彼女の首から手のひらひとつ分くらい離したところに剣を構え、狙いを定めてからひと振りした。だが剣は首を外れ、彼女の頭頂部をコインほどの大きさだけ切り取り、彼女は椅子から転げ落ちた。すると、その哀れな女は、最初に座らされたときよりもすばやくぴょんと立ち上がった。この一撃を受けてもどうということはなく、それから彼女は、これまで勇気を出して立派にやってきたのだから、もう放免にしてほしい、と懇願し始めた。しかし無駄だった。彼女は再び座らされた。すると助手が、私が切りますから、剣をください、とマイスター・ファルティンに申し出たが、氏はこれを認めず、再び自分で彼女に剣を振るった。この二度目のほうが少し強く、彼女は椅子から落ちた。次に彼は、処刑台に横たわったままの彼女の首を切り落とした。死刑執行人は報酬を受け取って帰って行った。町の警護隊が武器を使って彼を助けなかったら、彼は石を投げられて死んでいたかもしれない。実際、彼の頭はすでに血だらけになっていた」。

一六六五年六月二七日にも、ある女性を処刑した死刑執行人が、あまりに不手際だったので首になった。「五回も剣を振るったのに、まだ彼女は大声を上げていた。結局、彼女は地面に横たわったまま、首を切り落とされた」。一七一七年には、ヨハン・ヴィドマンという死刑執行人が、あやうく助手の両手を切り落としそうになった。死刑囚が最後の瞬間にじたばたもがいたせいだった。

ドイツでは、一八五一年に公開処刑が禁止になったが、一八九三年のベルタ・ツィルマンという女の死は、多くのジャーナリストが目撃している。彼女は夫を毒殺した罪で死刑を宣告されたが、裁判では、彼女と子供が夫から暴力を受けていたという証言もあった。処刑はベルリンのプレッツェンゼー刑務所で、一〇月三一日午前八時に行われる予定だった。彼女は髪をシニヨンに結い上げ、着ている服も肩のところまで切り取られていたが、与えられたショールを肩にかけていた。看守長が彼女を連れに行ったとき、彼女は恐怖に打ちひしがれていて、女性の看守ふたりの助けを借りなければ動けなかった。彼女は黙ってショールを肩から落とし、一撃で首をはねられた。三分後にはすべてが終わっていた。

†処刑人の一族

フランスのサンソン家は、処刑の手段として剣が好まれた時代からギロチンが導入されたフランス革命のころまで、七世代にわたってパリの死刑執行人を務めた。とはいえ、なかにはあまり有能とは言えない者もいた。

一六九九年六月三日、アンジェリーヌ＝ニコル・ティケという女が、グレーヴ広場にあるシャルル・サンソン・ド・ロンヴァルの処刑台に到着した。彼女の夫が、愛人とおぼしき知人女性の自宅前で五発銃撃され、彼女が夫の殺害を図ったとして有罪判決を受けたのだ。ティケ夫人には男性の友人が多数いるというのも明らかになっていたし、この暗殺未遂事件の黒幕は彼女だという噂も流れていた。

この事件の捜査を担当した検事、デファィット中尉も、実はティケ夫人の元愛人だった。それでも彼は、彼女をベンチに仰向けに縛りつけ、口に牛の角を押しこんだ。そして、水を満たしたポット八つを用意した。彼女が自白するまで、その水を飲ませ続けるのだ。もっとも、ひとつ目のポットで事足りた。彼女は自白し、ジャック・ムラというポーターと共謀してやったと白状した。ムラは絞首刑に処せられたが、ティケ夫人のほうは社会的地位が高いので斬首刑になった。

処刑の延期も予想されたが、そうはならなかった。噂によると、ティケ氏が子供ふたりを連れてヴェルサイユへ出向き、ルイ一四世に直訴したが、国王は寛大な処置を与えるのを拒んだという。ただし、普通なら彼女の財産は国王が没収するのだが、代わりにティケ氏が妻の財産を受け継ぐのを認めたらしい。処刑の日、白いドレスを着たティケ夫人は、聴罪司祭と一緒に死刑囚移送車に乗せられた。雷雨のせいで予定が遅れたが、ムラの絞首刑には間に合うようにグレーヴ広場に着くことができた。

次にサンソンは、ティケ夫人を処刑台に上げた。短い祈りを唱えたあと、彼女は静かにこう尋ねた。「私はどういう姿勢を取ればいいのかしら、よろしければ見せていただけないかしら？」。「頭を上げたままひざまずいて、髪を首から持ち上げてください」とサンソンが答えた。「醜くならないよう気をつけてくださいな」と「美貌のアンジェリーヌ」は頼んだ。サンソンは剣を振るった。ところが、最初の一撃は彼女の耳とほほを切り取っただけだった。しかも、そのはずみで彼女は前方に投げ出され、サンソンの助手ふたりが彼女を抱き起こして所定の位置に戻し、支えておくはめになった。サンソンは再び剣を振るった。だが、まだ彼女の首は落ちなかった。このころには、見物人たちは興奮と怒りをつのらせていた。サンソン・ド・ロンヴァルの子孫、アンリ＝クレマン・サンソンは一八六二年にこう書いている。「血は噴き出ていたが、首は落ちていなかった。恐怖の叫びが群衆から上がった。サンソン・ド・ロンヴァルは再び切りつけた。またも、剣がシュッという音をたてたが、首は胴体から離れなかった。群衆の叫び声は険悪になりつつあった。剣を振るうたびに血が噴き出たせいで、サンソンは目が見えなくなっていたが、狂ったように三度目の剣を振るった。ついに首が彼の足元に転がり落ちた。助手が首を拾い上げて台の上に置いた。その首はそのまましばらく置いておかれた。何人かの目撃者の話では、死に顔とはいえ、その首は以前の穏やかさと美しさをまだ保っていたという」。とは言うものの、この一件よりもっとひどい話もある。一六二六年のカレー伯爵の処刑では、素人の首切り役人が剣を二〇回も振るってようやく死なせた。

有名なシャルル＝アンリ・サンソンも、時々失敗したことが知られている。一七六六年、彼はトマ・アルテュール・ド・ラリー＝トランダル伯爵の処刑を任された。伯爵はフランス軍のインド司令官だったとき、スパイの疑いがあるヒンドゥー教徒を銃で撃ち殺し、そのためにインド人がイギリス側についてしまっていた。実はこれより三五年前、とある夜のこと、伯爵と仲間の将校数人はパリ郊外で道に迷ったことがあった。やがて一行は一軒の家を見つけた。その家ではパーティをやっていて、一行がドアをノックすると、どうぞお入りくださいと招かれた。ちょうど結婚式の真っ最中で、一同は朝まで踊り明かした。伯爵一行は帰りがけに、花婿に名前を尋ねた。すると彼は、「ジャン＝バティスト・サンソンです」と答えた。

この返事に、何人かの将校がとまどった顔をした。死刑執行人の一族と一緒に一晩過ごしてしまったからだ。だが伯爵は興味津々で、商売道具を見せてくれないかと頼んだ。ジャン＝バティストは承諾し、伯爵が特に見たがっているのは「正義の剣」（処刑用の剣）だろうと思った。この剣は長さが約八五センチ、幅が約六センチで、剣先が丸くなっていた。両手で持つ柄のつばはシンプルで、バランスを取るために柄頭が重い。ドイツの処刑用の剣と同様、刀身の片面には処刑用の車輪が彫刻されていて、もう片面には「正義」と刻まれていた。伯爵は剣を手に取ると、数回素振りをした。一撃で頭を切り離せるのか、と尋ねると、ジャン＝バティストはこう答えた。できます。もしあなたさまが処刑台に上るようなことになっても、苦しまずにすみます。

ところが、ラリー＝トランダル伯爵がグレーヴ広場の処刑台に上がるまでの間に、ジャン＝バティスト・サンソンは脳卒中で倒れ、半身不随になってしまっていた。そのため、実際の処刑は息子のシャルル＝アンリが代行する予定だった。ジャン＝バティストは息子を伴って処刑台へ行くと、囚人の拘束をゆるめ、バスティーユ牢獄の看守がはめた鉄の猿ぐつわを外した。伯爵は自らの無実を訴え、祈りをささげた。両手が自由になると、インドで特別にあつらえた美しい金色のジャケットをジャン＝バティストに手渡した。そして「さあ、やってくれ」とシャルル＝アンリに告げた。

ところが、伯爵が髪を短くしていなかったせいで、髪が邪魔をした。剣は伯爵のほほとあごに食いこみ、歯を折った。伯爵は地面に倒れこんだかと思うと、ぱっと跳ね起きて立ち上がり、ジャン＝バティストをにらみつけた。とっさに助手が機転を利かして伯爵の耳をつかみ、その瞬間、ジャン＝バティスト・サンソンもかつての力を取り戻した。彼は息子から血まみれの剣をひったくると、群衆の恐怖の叫び声が静まるいとまも与えず、ラリー＝トランダル伯爵の首を切り落としてみせた。

ただしシャルル＝アンリは、その年のうちに失敗の埋め合わせをしている。シュヴァリエ・ド・ラ・バールを処刑したときのことだ。この一九歳のシュヴァリエ（騎士）は美男子で、結婚しようと心に決めた娘がいた。ところが、彼女の後見人だったアブヴィルの刑事代官が、もっと好ましいと思う結婚相手を決めてしまった。そして、邪魔なシュヴァリエを片づけてしまおうと、シュヴァリエが通りかかった修道士に礼儀正しいあいさつをしなかった、という理由でシュヴァリエを告発した。当時、そうした態度はそれだけで死刑の正当な根拠になる冒瀆だった。

サンソンは処刑台に上がると、ひざまずいてくださいとシュヴァリエに告げた。だが彼が拒んだので、「ですが、罪人はひざまずく習わしです」とサンソンは強く言った。「そんなことはできない。私は罪人ではない」とシュヴァリエは言い返した。「このまま切れ……さあ、さっさとやれ」。サンソンは剣を振るった。この時は驚くほど正確だった。剣は首をすぱっと切り、切られた首が下に落ちることもなく、胴体もしばらくそのまま立っていた。目撃者によると、サンソンは直立した遺体に向かって「ご自分で体を振ってください。仕事は終わりました」と言ったという。すると、この妙技を見ていた全員がびっくり仰天したことに、胴体がついにくずおれたとき、ようやく首も処刑台の上をころころと転がった。この後、シャルル＝アンリ・サンソンはギロチンの導入を監督することになる。

†極東の斬首刑

欧州のほとんどの国では、処刑の方法として剣が好まれたが、極東でも、剣による処刑が一般的だった。ただし、大きな違いがひとつある。極東では、斬首自体が不名誉な最期だったということだ。死者は、遺体に傷がないということが重要だと思われていたので、頭と胴を切り離して別々に始末するなど、実に恥ずかしいことだった。

一六九一年、オランダから来たエングルベルト・ケンペルは、日本でふたりの罪人が公開処刑されるのを目撃した。

「処刑日早朝、長崎奉行からオランダ商館長に連絡があった。商館のオランダ人全員は罪人の処刑を見に行く用意をしておくように、とのことだった。約一時間後、大勢の人々が到着していた。商館の通訳、地主、料理人、そして執行官などの司法の役人たちなど、すべて合わせると二〇〇人は下らない数だった。一同の前に、一枚の板を取りつけた槍が運ばれてきた。その板には、罪人の犯した罪が大きな文字で詳しく書いてあった。それから、ふたりの罪人が執行官の補佐人に囲まれてやってきた。ひとりは盗品を買った男で、二三歳の若者だが、ひどくみすぼらしいぼろをまとっていた。彼は盗品の樟脳を所持していたのを見つかった。ふたり目は、四〇歳くらいの見場がよい男で、以前自分に仕えていたひとり目の男に、盗品を買う金を貸しただけだった。執行官の補佐のひとりが、道具をひとつ、まっすぐ立てたまま運んできた。熊手のような形だが、熊手の歯の代わりに鉄のフックが並んでおり、もし罪人が逃げようとしても、その衣服にひっかけて簡単に捕らえられるようになっている。もうひとりの補佐人が別の道具を運んできた。切ったり刺したり、さっと突いて壁に釘づけにしたりするのに適したものだ。そして、奉行所の法廷の役人がふたり、従者をひき連れてやって来た。この行為を仕切るためで、少し離れたところにも奉行所の職員がふたりいた。私から見えたかぎりでは、ふたりの罪人はその場所の中央でひざまずいていた。ひとりがもうひとりの後ろにいた。ふたりとも肩をあらわにして、後ろ手に縛り上げられていた。それぞれ、かたわらに処刑人が立ち、（中略）ひとりの処刑人は、彼の親友で同僚だった。この国のしきたりに従い、そうしてほしいと彼が望んだのだ。彼のためにこの任務を果たすことによって、これまでの不断の友情を固めるためだ。取り巻きの見物人は、思い思い好き勝手な場所に立っていたが、私は日本人の召使いと一緒に、群衆をかきわけできるだけ罪人のひとりに近いところまで行った。オランダ人全員が処刑場に集まったとき、合図が下され、その瞬

仏領インドシナ連邦での海賊の斬首刑。19世紀ごろ。死刑囚の前にある板に彼の犯した罪と判決が書いてある。

間、両方の死刑執行人が三日月形の短い刀で罪人の首を切り落とした。ふたりの体は前のめりに地面に倒れた。胴体はそれぞれ、目の粗いむしろにくるまれ、頭のほうはふたり一緒に三枚目のむしろに包まれてから、長崎からそれほど遠くない野原に運ばれて行った。聞いた話では、その野原では、若者たちが自分の強さを試したり、刀の切れ味を試したりするために、遺体を刀で切り刻むのだという。しきたりに従って、ふたりの頭部は棒につけられて七日間さらし首になった」。

中国では、イギリス領事館の通訳を務めていたトマス・テイラー・メドウズが、一八五一年の太平天国の乱で大量の斬首を目撃した。ロンドンに戻った彼が王立アジア協会に語ったところによると、最後の八か月間に同じ場所で約四〇〇〇人が処刑され、処刑を監督している官吏のそばでは、腐りかけた頭部の腐臭を隠すために、芳香のするビャクダンが燃やされていたという。

「罪人が連れられてきた。歩いている者のほうが多かったが、大きな竹かごに入れられて運ばれてくる者も多かった。その竹かごはそれぞれ一本の棒がついていて、ふたりの男がかごを担いでいた。見たところ、そんなふうに運ばれている男たちは力を完全に失っているようだった。そうなったのは、あまりの恐怖のせいか、あるいは、収監され裁判を受けていた間の扱いのせいか、どちらかだろう。彼らはみな力なく倒れこみ、これから死ぬはずの場所で転がされた。そしてすぐに起こされてひざまずかされた。こうしたことには背後に立つ男が手を貸した。斬首は次のように行われる。断頭台はなく、罪人はひざまずいて顔を地面と平行にする。こうすると、むき出しの首が水平に伸びる。罪人の両手は後ろ手に交差して縛られていて、背後の男がぎゅっとつか

中国で19世紀に起きた義和団事件では、カトリックに改宗した農民が処刑された。

んで上に持ち上げているので、罪人の首を適切な高さに保つことがかなり可能だ。ごくまれだが、時には罪人が頭を後ろにそらして最後の抵抗をすることもある。そういう場合は、第二の助手が罪人の前に来て、いつもは頭頂部で丸めている長い弁髪をつかんで引っ張り、頭を水平になるよう引っ張る。

「通常使用される剣は、約一五センチの柄も含めて一メートルほどの長さしかなく、刃の幅もつば元で四センチ以下で、切っ先に行くほど細くなり、わずかに湾曲している。厚みもなく、つまりは、中国の軍人が軍務の際に帯びる短くて重くもないサーベルだ。

「死刑執行人も軍隊から来るが、実のところ、そのために『初めて刀を使う』ようにと将校から言われて来る者が非常に多い。これは『カイ・コウ』と呼ぶ。つまり、刃を開く、という意味で、このことが武器に殺す力を与えると考えられている。

「そのサーベルは両手でしっかりと握る。右手が前で、親指を伸ばして柄をつかむ。死刑執行人は足を開いて踏ん張って体を安定させ、一瞬の間、サーベルを首と直角に、首から三〇センチほどのところで構える。脊柱の関節に狙いを定めるためだ。それから、『動くな！』と罪人にきつく命じながら、体の前で剣をまっすぐ、頭の高さまで持ち上げてから、両腕のすべての力をこめてすばやく剣を振り下ろす。さらに、切断する力を増すため、剣が首に触れた瞬間、背筋を伸ばして立っていた体を落としてしゃがみこむ。二刀目を切りつけることはないが、たとえ皮一枚でも首がつながったままということはめったになく、完全に切断される。

「私が立ち会った機会では、三三人の罪人が南の方向、つまり私たちが立っているほうを向いて何列かで並んでいた。その一番前、私たちから四、五メートルほどのところでは、列の間は狭く、人ひとり分のすきまがあるだけだった。それからふたりが一列になり、さらに四人、五人、という具合に次々と列に加わった。列の最後尾、私たちから二五メートルくらい離れたところでは、主犯である一団の指導者が、十字架に縛りつけられていた。上着のそでをまくり上げた死刑執行人が、先頭の罪人の横に立っていた。彼は中肉中背ながら、たくましく精悍な感じの男だった。案に相違して、見たところ野蛮な感じや残忍な感じはまったくなく、それどころか目鼻立ちが整い、知的な表情をしていた。

「全員の用意ができると、その男は両足を少し開いてしっかりと立ち、指図をしている軍の将校を見つめた。『パン！』（罰せよ！）という言葉を聞き、彼はすばやく先に述べたような姿勢を取って仕事を始めた。ところが、緊張のせいか、それとも何かほかの理由からか、彼はひとつ目の首を完全に切断することができず、首も胴体も前方に倒れこんだ。しばらくの間、その顔は気味悪くゆがんだまま動き続けていた。いくらか興奮しているようでもあった。一方、死刑執行人は、その恐ろしい仕事をすばやく続けようとしていた。助手が差し出す新しい剣をつかんで、次の罪人の横にぴょんと一跳びして構えた。三三人の頭を切り落とすのに三分かからなかったと思う。しかも、最初のひとりを除いて、全員の首を完全に切り落としていた。剣を二度か三度使うたびに、その剣を脇に放り投げ、

「ほとんどの胴体は、首が落ちたときに前に倒れたが、見たところ、三つか四つ、精神的・肉体的な力を十分に保持していたとおぼしき罪人の場合は、頭のない胴体が直立していた。後ろの男が押さえていなかったら、宙に跳び上がったのではなかろうか。最期の瞬間に与えられた衝撃が消え、ひと押しで彼らが頭からつんのめるまで、首をはねられた三三人の男は、処刑人が自分のほうに近づいてきたときと同じく、だれひとりじたばた暴れたり叫び声を上げたりはしなかった。

「最初の体が倒れた直後、ひとりの男がその首のかたわらで座った姿勢を取った。そして、ビジネスライクな様子でその血にイグサの髄の束をちょんちょんと浸し始めた。十分に血が染みこむと、彼はそれをずらりと並んだ大量の陶器の上にそうっと置き、それからまた次の束を浸し始めた。この血を含ませたイグサの髄を中国人は薬として使う。処刑がすべて終わったとき、処刑人の助手か召使いだと思うが、一五歳か一六歳くらいの少年がサーベルを手に取った。そして、片足をひとつ目の遺体の背中にのせ、左手で遺体の頭（すでに述べたように、完全には切断されていない）

をつかむと、首の切れた部分に刃を当ててひき切り始め、首を完全に切り落とした。そうしている間に、そのほかの遺体は、かんなをかけていないマツ材の棺桶に入れられていた。それも終わりに近づくころ、南側の扉が開き、私たちは、よほどの目的がないかぎり二度と見たいとはまず思わない光景から急いで逃げだした」。

今の中国では、大量に処刑するときは後頭部に銃弾を一発撃ちこむ。

†世界各地では

イギリスの外交官たちは、公開の斬首刑をただ目撃していただけではない。一八二四年一月、イギリスのシエラレオネ総督サー・チャールズ・マッカーシーは、アシャンティ族の反乱を鎮圧するため、小規模な前衛部隊を率いて出発した。だが、土砂降りの雨のせいで思うように進めなくなり、ほどなくして、自分たちよりも大規模な軍隊に取り囲まれていることに気づいた。しかもその時、運んできた弾薬箱に入っているのが、必需品の実弾ではないとわかった。なんとビスケットだったのだ。一行は国歌を勇ましく演奏し続けながらも敵に圧倒され、生き残った者もアシャンティ人の村へ連れて行かれ、そこで儀式にのっとって首を切られた。サー・チャールズ・マッカーシーと部下の首は、アシャンティ王国の首都だったクマシに運ばれ、金や宝石で飾られたうえで王の宝物庫に陳列された。マッカーシーの頭蓋骨はてっぺんが切り取られ、アシャンティの代々の王が、酒を飲むカップとしてこれを使った。これはこれで、見ようによっては大きな名誉だ。

サウジアラビアでは、今も斬首の伝統が生きている。一九九〇年代の初め、サウジアラビアの死刑執行人のトップ、サエド・アル・サヤフはこう言った。「男の首を切り落とすには、予言者ムハンマドの書に従って特別な剣を使うが、女を処刑するときは銃を使う。仕事が終わると、喜びを感じ、この力を与えてくださったことを神に感謝する」。ただし、以来サウジアラビアも男女平等が進み、今では男女とも首をはねられる。二〇〇四年末までで、約三四人の女性が公開の斬首刑に処せられた。

サウジアラビアの公開斬首刑は、レイプ、殺人、反自然的性交、麻薬取引、凶器を使った強盗、背教などの犯罪に対する刑罰だ。こうした見世物的公開処刑は、二一世紀になっても続いている。二〇〇二年には、男性四五人と女性ふたりが首をはねられ、二〇〇三年は男性五二人と女性ひとり、二〇

現代のイエメンの剣を使う処刑。サウジアラビアなどアラブ諸国の多くでは、このような処刑がまだ行われている。

〇四年は男性三五人と女性ひとりが公開処刑された。

　死刑囚は正午の祈りの後、トランキライザーを飲まされてから警察のバンに乗せられ、広場か屋外駐車場へ連れて行かれる。警察が広場を立ち入り禁止にし、約五メートル四方の青いビニールシートを地面に敷く。そして、死刑囚は警官に引かれてビニールシートの中央へ行き、メッカの方向を向いてひざまずく。服は自分のものを着るが、目隠しをされ、はだしになる。腕は後ろ手に手錠をかけられ、足にも足かせをはめられる。

　次に、内務省の役人が死刑囚の名前と罪名を群衆に告げる。そして、警官が伝統的な刀、シミタール（新月刀）を死刑執行人に渡すと、死刑執行人は刀を掲げ、二、三度素振りをしてから、死刑囚に背後から近づく。刀の切っ先で背中を突くのを合図に、囚人が頭を上げ、刀が振り下ろされる。

　たいていは一太刀で頭が落ちる。剣の達人だと、頭を一メートル近く飛ばすことができる。首から噴き出す血を止めるために医者が待機していて、医者の助手が頭を拾い上げて医者に渡すと、医者が頭を胴体に戻して縫いつける。最後に、遺体は青のビニールシートにくるまれて刑務所に戻され、刑務所の墓地に埋葬される。墓に墓標はない。

　イラクやアフガニスタンなどのイスラム戦士も、斬首で人を殺す。今ではこうした陰惨な場面のデジタル映像をインターネットで流して、できるだけ多くの人の目に触れさせようとしている。イギリス人技師ケン・ビグリーとアメリカの請負企業社員ニック・バーグも、二〇〇四年にイラクで犠牲になった。ふたりの死は非常に多くの人々に目撃されたし、彼らを殺害した犯人が犯行を処刑と考えていたことは疑いない。だが、何の司法手続きも取らなかったのだから、ふたりの死は冷酷な殺人と言える。

第四章 タイバーンへの道

†絞首刑の起源

絞首刑の起源は、約二五〇〇年前の古代ペルシアだ。当時は男性の犯罪者が対象で、女性の場合は、はしたないことにならないよう柱に縛りつけて絞殺した。絞首刑が広まったのは、簡単にできるからだった。一本の木と長いロープがあれば事足りる。それに効果的な抑止力にもなった。衆人環視のなか、身の毛もよだつ方法で処刑して、血まみれの惨劇が繰り広げられるとなると、かえって見る気が失せてしまうかもしれないが、絞首刑ならそうはならない。しかも絞首刑は、旧約聖書が勧める方法でもある。申命記の第二一章二二～二三節にこう書かれている。「ある人が死刑に当たる罪を犯して処刑され、あなたがその人を木にかけるならば、死体を木にかけたまま夜を過ごすことなく、必ずその日のうちに埋めねばならない。木にかけられた死体は、神に呪われたものだからである。あなたの神、主が嗣業として与えられる土地を汚してはならない」(日本聖書協会『新共同訳聖書』より訳文引用)。

†英国の絞首刑

古代、首をつることは臆病者にふさわしい死に方だと思われていた。その結果、不名誉な死に方だと見られるようにもなった。イングランドでは、絞首刑はアングロ・サクソン人が支配した時代以来の伝統的な処刑方法で、斬首刑は一一世紀にウィリアム征服王（第二章参照）が導入した。死刑はイングランド全土で行われていたが、平民の犯罪者を公開処刑するときにもっとも使われるようになった場所が、ロンドンのタイバーンにあった「ジャック・ケッチの木」だ（今はその場所にマーブル・アーチがある）。ただし、ロンドンの絞首台はほかのところにもあった。ソーホー・スクエア、ブルームズベリー・スクエア、スミスフィールド、ホルボーンのセント・ジャイルズとブラックヒース、ケニントン・コモンとイズリントンのシティ・ロードだ。特に凶悪な犯罪の場合は、犯罪現場の外で犯人を公開の絞首刑にすることもあった。

タイバーンの刑場で最初に処刑されたのは、一一九六年のウィリアム・「ロングビアード」・フィッツロバートという人だ。当時、神聖ローマ皇帝ハインリヒ六世に幽閉された国王リチャード獅子心王を解放してもらう身代金をまかなうために、重税が課せられており、彼はこれに反発して反乱を率いた。反乱が失敗に終わると、ウィリアムはシティ・オブ・ロンドンのセント・メアリー・ラ・ボウ教会に保護を求めたが、イングランド王国の大法官（首相と首席裁判官をひとつにした役職）でもあったカンタベリー大司教ヒューバート・ド・バーグが、教会に火をつけてロングビアードを教会からあぶり出せ、と部下に命じた。皮肉なことに、後にド・バーグ自身もこの教会に保護を求めたが、このことが物議をかもし、彼はウェールズへ逃亡した。

当時タイバーン・フィールズと呼ばれていた処刑場は広大な原野で、そこにタイ川が流れていた（「バー

ロンドンのオックスフォード・ストリートにある記念プレート。かつてタイバーンの絞首台があった場所を示す。

ン」とは古英語で「川」とか「流れ」という意味)。タイ川のほとりにニレの木立があり、ノルマン人たちはニレの木を「正義の木」と考えていた。このタイバーンの「正義の木」では、一一九六年から最後の処刑が行われた一七八三年までに、少なくとも五万人が命を絶たれた。

†ショートドロップ

タイバーンは、ロンドンへ向かう街道が二本、北からと西からそれぞれ走っているという好位置にあった。空地が広がっていたので、大勢の見物人を集めることができたし、ここで絞首刑を行えば、シティへ向かう旅人が犯罪を思いとどまるという犯罪防止の役目も果たした。

その後、ここのニレの木はタイ川の清らかな水をシティへ運ぶために使われるようになり、タイ川の西岸に絞首台ミドルセックス・ガローズが造られた。これは横木が一本のタイプで、一度に一〇人の死刑囚をつるすことができた。絞首刑執行人は死刑囚をはしごに登らせ、首にかけた縄を横木に結びつけてから、足場を外して罪人をぶら下げ「処分」する。ニューゲイト監獄から荷馬車で囚人を移送するようになってからは、処刑にも荷馬車を使うようになった。後ろ手に縛った罪人を荷台に立たせ、首と横木をしっかり結びつけてから、キャップをかぶせて罪人の顔を覆い、馬の腹にむちを入れる。馬が走りだし、荷車を引っ張ると、死刑囚は足場を失ってぶら下がる。そして三〇分後、ロープを切って遺体を下ろし、片づける。

死刑囚の首を折って即死させる「ロングドロップ」という絞首刑の方法は、一九世紀の後半になってから使われるようになったもので、そのころには絞首刑も刑務所内で執行されていた。イギリスの公開絞首刑で伝統的にずっと使われていたのは、「ショートドロップ」という方法だ。この方法のロープは一メートル足らずということもあった。体重が九〇キロくらいある男性の首を折るには、二・五メートルほど落下する必要があるし、体重五〇キロなら三メートル要る。タイバーンの絞首刑執行人は、投げ縄結びの輪縄を罪人の首にかけ、効果的に窒息死させた。それでも二〇分ほどかかることもあるので、温情として、受刑者の友人や召使い、時には絞首刑執行人自らが受刑者の足を引っ張って、早く死なせてやろうとすることもあったが、これがいつもうまく行くとは限らなかった。

一六五〇年一二月一四日、オックスフォードのキャトル・ヤードで二二歳のアン・グリーンが子殺しで絞首刑になったときもそうだった。群衆は彼女に詰め寄ってその乳房をつまみ、彼女の足にぶら下がって「楽しんだ」。だが、彼女を高く持ち上げ、彼女に全体重をかけたとたん、その勢いで彼女が落下してしまったのだ。処刑に立ち会っていた廷吏は、ロープが切れてしまうのではないかと思い、彼女から離れるよう群衆に命じた。それからおよそ三〇分後、ロープを切って彼女を下ろし、ウィリアム・ペティという医者のところへ運んだ。彼が地元の大学で開いている解剖学の講座で、彼女の遺体を使うことになっていたからだ。ところが、解剖のために集まった医学生たちが棺のふたを開けたところ、その若い女性はまだ息をしていた。医学生たちは彼女に温かい飲み物を与え、彼女をベッドに移して体を温めた。一時間後、彼女は口がきけるようになり、一週間後にはすっかり元気になった。法廷は彼女の処刑を猶予した。彼女は自分の棺を携えて故郷に帰ると、その後結婚して三人の子供をもうけ、一五年にわたって第二の人生を送った。

また、罪人がつるされると、女性たちがそこに駆け寄ってきて、まだぴくぴく動いている罪人の手に自分の顔や胸を押しつけることもあった。こんな奇妙な行動をしたのは、そうすれば傷が治ると考えられていたせいだ。犯罪者の死体の汗も恩恵があると思われていて、母親が病気の子供を公開処刑に連れてきたりした。また、絞首刑執行人のロープや絞首台の削りかすも、病気を治す力があると思われていた。

†タイバーンへの行列

一五七一年、タイバーン刑場の横木一本の

処刑への行列。死刑囚がタイバーンの絞首台へ連れて行かれるところ。イングランド、18世紀。

絞首台が、有名な「トリプル・ツリー（三連の木）」に取り替えられた。これは横木が三本あって、それぞれの横木に八人つるせたので、全部使えば一度に二四人を絞首刑にできた。ジェームズ一世の時代には、年に約一五〇人を処刑していた。一七〇〇年代まで、一日に最大四〇人を処刑し、タイバーンでは六週間ごとにお祭り騒ぎが繰り広げられた。

死刑囚の身分が高い場合は、ロンドン塔に収監されたが、そうでないなら、死刑囚はニューゲイト監獄の不潔な土牢に閉じこめられた。この監獄は、現在オールド・ベイリー（中央刑事裁判所）がある場所にあった。ロンドンの商人ロバート・ダウは、処刑前夜にニューゲイト監獄の外でハンドベルを鳴らす男を雇うために年金を残した。死刑囚に死が差し迫っていることを思い出させ、悔い改めを強く勧めるためだった。こうすれば、死刑囚もあの世へ旅立つ心の準備ができるだろう、と彼は思ったのだ。また死刑囚は、黒い布で覆われた礼拝堂で、自分の棺を目の前にして、集まった人々にじろじろ見つめられながら、地獄の業火と永遠の断罪についての説教を聞かなければならなかった。

当初、ニューゲイトからタイバーンへ移送される罪人は、馬に引きずられて行ったが、そうすると、刑場に着く前に死んでしまうことが多く、処刑を見に来た群衆から肝心の見世物を奪うということになっていた。そこで、罪人を雄牛の皮かそりにのせて引きずるようになったが、ニューゲイトから棺も一緒に運ぶし、刑場までの道すがら受刑者に慰めを与える聖職者も付き添うということで、荷車で運ぶほうがもっと賢明だろうということになった。

悪名高い犯罪者は、沿道で歓声を上げる群衆に受けるよう、結婚式か何か大事なイベントに行くかのように晴れ着でめかしこむ者も多かった。タイバーンへの移送では、最初にセント・セパルカー教会に立ち寄った。この教会の鐘が一二回鳴り、囚人は花束を受け取る。教会の鐘は後にもう一度、処

Jack Sheppard taken from Newgate.

Blueskin attempting to Rescue Jack Sheppard on Holborn Hill.

Jack Sheppard drinking from the St Giles's Bowl.

ジョージ・クルックシャンクによる版画。追いはぎジャック・シェパードがタイバーンの絞首台へ向かう行列を描いたもの。

刑の最後にも鳴らされる。タイバーンから処刑の知らせを運ぶ伝書鳩が放たれるのだ。鐘を鳴らすのも、やはりロバート・ダウの一ポンド六シリング八ペンス（一・三三ポンド、今の貨幣価値で一八五ポンド）というささやかな年金から費用が出た。ただしこうした慣習は、一八九〇年一二月二三日のメアリー・パーシーの絞首刑が最後になった。セント・セパルカー教会の近くにあるヴァイアダクト・ホテルの客が病気になったので、鐘を鳴らすのをやめてほしいと頼まれたのだ。タイバーンへ向かう行列のほうもこれより一〇〇年以上前に終わっていたので、この伝統が再開されることはなかった。

行列は次に、セント・ジャイルズ・イン・ザ・フィールド教会の病院に立ち寄り、死刑囚はジョッキ一杯のエールを与えられた。その後も、途中にパブがあるたびに立ち寄る。なかでも一番有名なのがドルリー・レーンのホワイト・ハートだった。これが「ワン・フォア・ザ・ロード」（別れの前の一杯）という言い方の起源だ。パブの主人はみな、死刑囚に無料でエールを与えた。死刑囚のおかげで人々が集まり、商売繁盛になるからだ。もっとも、絞首台への道すがらワインをボトルで欲しいと言った者もいた。キャプテン・スタッフォードという男で、彼は、急ぎの約束があるので、代金は帰り道に払う、と言ったという。また、絶対禁酒主義者で飲み物を断り続けた男が絞首刑になった直後に、処刑延期令状を持った送達吏が馬で駆けつけた、という話もある。彼が途中で一杯ずつ飲んでいたら、命拾いしただろうに。ともあれ、こういう伝統も一七五〇年に終わりを告げた。だが、例の病院があった場所には、ザ・ボウルという名前のパブができた。

オックスフォード・ロード（今のオックスフォード・ストリート）を進む死刑囚の行列は、大群衆が邪魔になって目的地に着くのに何時間もかかることがあった。人気のある死刑囚には花のシャワーが浴びせられたが、人気のない囚人は腐った野菜や石を投げつけられた。いずれにせよ終始お祭り気分で、

鎖につなぐ。ロンドン最古の刑務所、ニューゲイト
監獄で受刑者の脚に足かせをはめているところ。

群衆は歌ったりはやし立てたりしたし、ジンジャーブレッドやジンやオレンジを売る露天商も出ていた。

†絞首台という舞台

絞首台の周囲には木造の観覧席もあり、見物人は席料として二シリング（一〇ペンス）を払った。なかでも一番眺めの良い最大の席は、オーナーの名前にちなんで名づけられた「オールド・マザー・プロクターの席」だった。ある時など、さる伯爵の処刑が行われ、彼女は五〇〇〇ポンドも稼いだが、思惑どおりにいかないこともあった。一七九八年のこと、反逆者のドクター・ヘンジーの絞首刑が行われるということで、観覧席のオーナー、マミー・ダグラスは席料をいきなり引き上げ、見物人もきちんと払ってくれたが、処刑寸前になって処刑が延期されたせいで、暴動が起きてしまった。観覧席は破壊され、マミー・ダグラスもあやうく命を落とすところだった。

死刑囚を乗せた荷車が到着すると、だれもが良く見ようと、「帽子を脱げ」とか「前に立つな」という大声が飛び交った。卑猥な歌詞の歌声が響く一方、「ああ、私はやはり死ぬのでしょう」という一節がある信仰復興運動の讃美歌も聞こえた。

やがて司祭が祈りを唱え、死刑囚は群衆の前で自らの罪を告白するよう言われる。長々と自己弁護をする囚人もいれば、この時を利用して、当局や絞首刑執行人、司祭や群衆に罵詈雑言を浴びせる囚人もいた。密輸業者のジョン・ビッグズは群衆に向かってこう言ったという。「私は人殺しではない。ノミを殺したとか、そんな無害でちっぽけな残虐行為が殺人罪だと言うなら別だが。売春婦を買ったというのも無実だ。いつも女たちのほうが迫ってきたんだ。私が女たちに迫ったんじゃない。ちがう、私がここに来て、振り子みたいにぶらぶら揺れるはめになったのは、金持ちになろうとし過ぎた、急ぎ過ぎたからなのだ」。

タイバーンで繰り広げられた光景は、ロンドン塔のような粛々としたものになることはめったになかった。一七二八年から一七三五年まで絞首刑執行人を務めた「ジョリー・ジャック」・フーパーは、処刑台の上で道化師のようにおどけてみせることで有名だった。ジャック・ケッチは、斧を持たせても首をつらせても下手くそだったので、当の受刑者ジェームズ・ターナーにこう言われた。「なんだよ、おまえがやるのかよ。みんな、祈ってくれ、もっとロープをよこせ！　とんだお人よしだね、こりゃ。おまえ、いつから首つり役人やってんだ？　どこに結び目を作るのか知らんのか？」。キャップを顔まで引き下ろそうとしているとき、ターナーは群衆のなかのかわいい少女に気づき、彼女に向かって投げキスをした。そして、ロープが締められると、こう言った。「お別れです、お嬢さま」。

トム・オースティンという悪党も女性に目ざとかった。首をつられる前に何か言うことはあるか、

解剖の講義。タイバーンで絞首刑になった者の遺体は、最後に外科の実演に使うことが多かった。

と司祭に聞かれ、彼はこう答えた。「いや、ただ、あそこに凝乳と乳清を持ってる女がいるんだが。くくられる前に、あれをちょっとだけもらえないかな。この次いつお目にかかれるか、わからないからね」。

絞首刑執行人は死人の衣服を持ち帰ることができた。普通なら、遺体を下ろし、遺体の衣服を脱がせてから、遺体を解剖に回したが、一四四七年には、五人の男に先に服を脱がせて、首をつる準備をしたことがあった。ところがその時、五人の恩赦の知らせが届いた。それでも絞首刑執行人は五人に服を返そうとせず、仕方なしに五人は、裸のまま家に歩いて帰った。

一七六三年にコヴェント・ガーデンで友人に強盗を働いたハナ・デイゴウというアイルランド人の少女も、なかなかのショーを演じた。彼女はニューゲイトでも囚人仲間を脅し、彼女に不利な証言をした男を刺していた。タイバーンへ向かう荷車でも、同乗しているカトリックの司祭を完全に無視した。そして絞首台では、手をもぞもぞやって縄を外し、絞首刑執行人に強烈なパンチをお見舞いして殴り倒した。それから、つるせるものならつるしてみな、と言うと、絞首刑執行人への復讐として服を手放し始めた。帽子、ケープ、ドレスと順に脱ぎ、群衆に向かって投げこんだ。絞首刑執行人はさんざん苦労したすえ、ようやく彼女の首に縄をかけたが、そのとたん、彼女は自分で荷車からぱっと飛び降り、その衝撃で首を折って即死した。

受刑者の遺体も、絞首刑執行人の所有物になった。殺人犯の遺体は、解剖のために外科医に売らなければならないということになっていたが、受刑者の遺族のほうが高い値段を出してきたら、遺族に売ることもあった。ただし、遺体を無傷のままにしておくことはかなり難しかった。不気味な話だが、群衆が土産にしようと遺体をちょっとずつ持ち帰ってしまうのだ。一七五八年一二月一八日には、受刑者の遺体の所有をめぐって医者と遺族が争い、暴動まで起きた。ところが結局、勝ったのは暴徒で、意気揚々と遺体を手に入れた。また絞首刑執行人は、処刑に使ったロープを切り分けて、その切れはしをフリート・ストリートのパブで売ることも認められていた。

†犯罪現場

絞首刑は犯罪現場の近くで行われることもあった。一六六四年一月二一日、サミュエル・ピープスは『日記』にこう書いている。

「起床し、妻を叔母のワイトのところへ行かせた。ターナーの絞首刑を見る場所を取るため。私が『取引所』へ行くと、人々がシティに押し寄せて来るのが見えたので、尋ねたところ、ターナーはまだつるされていないとのこと。そこで私も人々に混じってレドンホール・ストリートへ行った。ライム・ストリートとの交差点。この近くで強盗があった。彼の住んでいたセント・メアリー・アクスに近い。そこで一シリング出して、荷車の車輪の上に立った。大いに苦労した。一時間以上待ってから処刑があった。彼は執行延期を期待して、長い演説やお祈りを次々として、時間を引き延ばしたが、何の知らせも来ず、ついにマント姿のままはしごから投げ落とされた。彼は端正な見かけの男で、最後まで落ち着きを保っていた。見ていて残念に思った。通りには少なくとも一万二〇〇〇から一万四〇〇〇人がいたと考えられた」。

三人を殺したサラ・マルコムも、シティのフリート・ストリート、フェッター・レーンとマイター・

コートの間で絞首刑が行われた。彼女が雇い主の女性と女中仲間ふたりを殺害した場所の近くだった。二二歳のサラは罪を悔いる様子も見せず、例のハンドベルを鳴らす男がニューゲイトに来ると、彼に一シリング投げて、ワインをおごるよ、と言った。だが処刑の時の彼女には、重々しさとあきらめがあった。彼女は失神し、やっとのことで意識を回復した。「ああ、ご主人さま、ご主人さま」と彼女は言った。「あのかたにお会いできたら」。荷車が引かれ、サラは魂をキリストにゆだねた。おどけ者の絞首刑執行人「ラフィング・ジャック」・フーパーもこれには心を動かされた。彼女は無実だと思ったのか、あるいは、彼女の転落の人生を描いた新聞記事に影響されたのか、どちらかだろう。この直後、絞首刑執行人がジョン・スリフトに代わり、初仕事の日に一三人を処刑した。

一七五九年には、タイバーンの絞首台はロンドンを出入りする交通の邪魔になり始めた。そこで、三連の木を撤去し、代わりに「移動式の絞首台」を使うようになった。それまでの絞首台の木材は、地元のパブに売却されて樽置き台になったが、一部はタイバーン修道院が地元の殉教したカトリック教徒の遺物として保管している。その後、この跡地には料金所のゲートが置かれたが、こちらのほうが絞首台よりも嫌われた。

†絞首台の貴族

その翌年、絞首刑に新しい手法が導入された。一七六〇年五月五日、第四代フェラーズ伯爵ローレンス・シャーリーがタイバーンで処刑されたときのことだ。彼は飲んだくれの暴力的な男で、財産の管理を任せていた代理人を口論のすえ射殺した。そしてロンドン塔に収監され、ウェストミンスター・ホールで英国議会貴族院の裁判を受けた結果、有罪となった。彼はタワーヒルで斬首してもらいたい

1760年５月５日、土地管理人を殺害したかどで絞首刑になったフェラーズ伯爵。非常にまれな処刑。貴族の死刑はタワーヒルでの斬首が普通だった。

と頼んだが、貴族院の出した判決は、彼を庶民の犯罪者と同じようにタイバーンで絞首刑にするというものだった。しかも、処刑後の遺体も、やはり解剖に回すことになった。また彼は、身分にふさわしいように、麻縄ではなく絹のひもでつるしてほしいと望んだが、こちらの要望もやはり却下された。ただし、彼の処刑でただひとつ斬新なこともあった。この時初めて、落とし戸を使うことにしたのだ。処刑台の上にもう一段、高さ五〇センチほどの台が置かれ、その台におよそ一メートル四方のハッチがあった。伯爵はその台に立ち、首に縄をかけられる。そしてハッチが開いて、彼を処刑する。要はそんな仕組みだった。

処刑に臨み、フェラーズは自分の結婚式で着たのと同じ、銀の縁取りがある白のスーツを身に着けた。そしてロンドン塔からタイバーンまで、自分が所有する馬車で移動したが、あまりの大群衆に、移動だけで三時間近くかかった。「貴族の絞首刑なぞ前代未聞だからな」と彼は執行官に言った。

この行列には、近衛歩兵連隊のグレナディアガーズから派遣された特別班、近衛騎兵連隊のライフガーズ一個中隊、警官隊、シティの役人多数、何台もの馬車に乗りこんだ友人や支持者、そして一台の葬儀用馬車も加わっていた。こんな派手な見世物を見逃す手はない。伯爵は平然とした顔で嚙みタバコを嚙みながら、群衆に手を振っていた。彼をエスコートする騎兵の馬が馬車の車輪に脚を取られ、乗っていた騎兵が投げ落とされると、伯爵はこう言った。「今日はだれも死なないでもらいたいね、私以外は」。

ホレス・ウォルポールによると、この葬列が「絞首台のところで止まると、すぐそばに大群衆が待っていたが、(彼は)できるだけすばやく馬車から降り、黒布がかかった処刑台の上にはたった七分いただけだった。(中略)野次馬連中も礼儀正しく、彼をたたえており、彼に同情的と言ってもよいほどだっ

オックスフォード・ストリートの端にある19世紀初頭のマーブル・アーチ。以前はタイバーン・ターンパイクという名前だった。この地区での処刑は1783年に終わったが、その後も長期間悪評がつきまとった。

た」。何であれ不愉快なことがあるとしたら、それが起きるのは処刑台の上だ。フェラーズは執行官に時計を、付き添いの司祭に五ギニーを渡したが、もう五ギニーを絞首刑執行人のトマス・ターリスに渡すべきところ、間違えて助手のほうに渡してしまった。ふたりの男は殴り合いのけんかを始め、結局、執行官が割って入って、ターリスに金を与えた。

この時、伯爵が身分にふさわしい特権を与えられていたのは確かだ。手を縛られてはいたが、いつものような縄で後ろ手に、ということではなく、黒いサッシュで体の前で縛られていた。それに、ターリスが処刑台の上の一段高いところへ伯爵を連れて行ったとき、その段の上には黒いベーズの布がかかっていた。「これでよいか?」と伯爵が尋ねると、ターリスはうなずいてから、伯爵の白いキャップを引き下ろして顔を覆った。そしてターリスが仕掛けを操作し、フェラーズは落下した。ところが、ひどい計算違いが生じてしまった。「機械が新しく、準備が足りなかった」とホレス・ウォルポールは言っている。「つま先が台の床にまだ触れていて、彼は少し苦しんだ。彼らの不手際によって時間がかかり、キャップがずり上がったが、死刑執行人がふたたびキャップを引き下ろし、ふたりで彼の足を引っ張ったところ、彼はすぐに苦しむのをやめ、四分で完全に死亡した」。

一時間後、遺体が下ろされた。この時また、絞首刑執行人ふたりが殴り合いのけんかを始めた。「死刑執行人たちはロープをめぐって争っていた」とウォルポールは言う。「そして、負けたほうが泣きだした」。もちろん、そのロープは貴重な戦利品だ。伯爵の遺体は、白いサテンを敷き詰めた棺に納められ、サージョンズ・ホールへ運ばれた。そこで解剖され、三日間展示されてから、遺族に引き渡されて埋葬された。

†絞首刑執行人

ターリスは死刑囚ともつまらない言い争いをしたという。一七七一年三月二七日、彼はタイバーンで五人の男を処刑しようとしているとき、口論になって不意に顔を殴られ、けがをした。そして五日後、サリー州のキングストンで絞首刑を行った帰り道に、荷車の上で倒れて死亡した。

次に絞首刑執行人の仕事に就いたのは、エドワード・デニスという男だった。ところが、狂信的なプロテスタントのジョージ・ゴードン卿が扇動した反カトリックのゴードン暴動が発生し、デニスもろうそく屋の店をたたき壊しているところを目撃された。結局、彼はホルボーンのサウサンプトン・ビルにあるブルー・ポスツというパブで逮捕され、暴動のリーダー格という嫌疑をかけられた。裁判で彼は泣き崩れ、慈悲を請うたが、それでも死刑の宣告が下った。だが、彼が死んだら、家族はひどい貧乏暮らしに追いこまれてしまうため、息子に死刑執行人の仕事を継がせるのを認めてほしい、と彼は頼んだ。そうなると、息子が父親の絞首刑を行うことになる。新聞もこの話をさかんに書き立てた。また、当局も当局なりの問題を抱えていた。暴徒が五九人も死刑判決を受けたのに、暴動でニューゲイト監獄が焼け落ちてしまったので、彼らを収監するところがどこにもなかったのだ。こんな時だから、エドワード・デニスの才能がぜひとも必要だった。彼は処刑を延期され、暴徒仲間の首をつる手伝いをすることになった。

当時はもう移動式の絞首台だったので、デニスはシティで仕事をすることができた。ボウ・ストリートのビショップスゲート、ブルームズベリー・スクエア、ホワイトチャペル、オックスフォード・ロード、オールド・ストリートだ。また彼は、タワーヒルでも暴徒三人（ウィリアム・マクドナルド、メアリー・ロバーツ、シャーロット・ガードナー）の絞首刑を行ったと言われている。この三人がタワーヒルで最後に処刑された人たちだ。

†タイバーンの斜陽

一八世紀の終わりになると、タイバーン周辺の地域はにぎわいを増し始めていた。一七七一年、貴族の未亡人のウォルドグレイヴ夫人が近くに大邸宅を建て、当時の新聞も、「夫人の地位に配慮し、処刑場は別の場所に移すことになる」と報じた。また、公開処刑を見たがる見物人が多すぎることから、道徳的に見ていかがなものか、と公開処刑そのものに反対する声もあった。「処刑の目的は見物人を集めることだ」と、かの大物文学者ドクター・ジョンソン（サミュエル・ジョンソン）も言っている。「処刑が見物人を集めないなら、処刑は本来の目的を果たさない」。

結局、タイバーンでの絞首刑は、一七八三年一一月七日のジョン・オースティンが最後になった。強盗と傷害で死刑宣告を受けたオースティンは、昔ながらの荷馬車式で処刑された。ところが、この時もまた、ぶざまな処刑になった。首の後ろで縄の結び目がゆるみ、死ぬのに時間がかかってしまったのだ。

タイバーン・レーンはパーク・レーンに名前が変わり、タイバーン・ロードもオックスフォード・ストリートの一部になり、タイバーン・ゲートがカンバーランド・ゲートになった。そしてロンドンの公開処刑は主に、オールド・ベイリーに建て直されたニューゲイト監獄の外の街頭で行われるようになった。エドワード・デニスと助手のウィリアム・ブランスキルがそこで初めて処刑を執行したのは一七八三年一二月九日だった。ふたりは新しい移動式の絞首台をニューゲイトの小屋に保管し、必要になったらいつでも引っ張り出せるようにしていた。

ニューゲイト監獄の「債務者の門」。タイバーン刑場の廃止後はここで処刑が行われた。

†ニューゲイトの絞首刑

その移動式の絞首台は、幅が約二・五メートル、長さが約三メートルで、横木が平行に二本並んでいて、一度に一〇人を処刑できた。処刑に立ち会うシティの役人のために椅子を置くスペースまであった。落とし戸の仕掛けがついていたが、以前フェラーズ伯爵の処刑で使って失敗した仕掛けとさほど変わらず、改良が進んでいるとは言えなかった。その日も一〇人を処刑したものの、かなり時間が必要だった。ロープがあまりに短すぎたせいだ。なのに、この技術的問題が調整されたのは、なんと九〇年後！　首の骨をきちんと折るためには、体重とロープの長さの比率が問題なのだが、この問題がついに解けたのは、処刑が未公開になってからのことだった。それまでは、長いロープで即死させるよりも、短いロープにぶら下がってゆっくりと窒息死するほうが、悪党にはふさわしいと考えられていた。

この新しい処刑地は、地元住民には迷惑だった。新聞によると「近隣の住民は処刑場を移すよう執行官に請願したものの、その計画は十分に検討を重ねており、今後も粘り強く検討を続ける、という返事だった」という。実のところは、ハイドパーク周辺に立つ豪邸の住人のほうが、大きな影響力を持っていたというだけのことだった。ニューゲイトからタイバーンへの行列は、ただでさえ新しい商業地区の商売を邪魔していたし、下品なお祭り騒ぎの「タイバーン・フェア」がシティに向かう大通りのひとつに沿って開かれると、そこを訪れる人に悪い印象を与えていた。オールド・ベイリー周辺の地域なら、そこにしっくり合う見物人ははるかに少なく、群衆をコントロールしやすい。結局、住民もすぐに慣れ、絞首刑があるたびに、処刑台を見下ろせる窓のある部屋を貸し始めた。一八四〇年には、眺めの良い窓の賃料は二五ポンド（今の貨幣価値で一万五〇〇〇ポンド以上）になっていたし、ニューゲイト監獄の看守も、有名人の客が来ると、処刑当日の朝食にはデビルド・キドニーとブランデーというメ豪華なニューを出してもてなした。

†ぶざまな処刑

絞首台がニューゲイトへ移ってから三年後、デニスはオールド・ベイリーのアパートメントで亡くなり、ウィリアム・ブランスキルが後を継いだ。初めてひとりで手がける処刑は、大群衆の前で七人の罪人の首をつるというものだった。彼は進み出て群衆にあいさつしたが、これ以降、少々アクシデントに見舞われがちになってしまった。一七九七年六月五日のこと、彼はマーティン・クレンチと

18世紀の伝説的追いはぎジャック・シェパード。彼はニューゲイト監獄から2度脱獄し、押しこみ強盗に転じた。

ジェームズ・マックレイを処刑しようとしていた。ふたりはシドニー・フライアーを殺害した罪で有罪になったが、まだ無実だと訴えていた。ブランスキルと助手のジョン・ラングリーが死刑囚のキャップを引き下ろそうとしたとき、突然落とし戸が抜け、死刑囚ふたりはハッチの下に転落した。死刑執行人と司祭も道連れだった。死刑囚ふたりはロープで宙づりになったが、残りは全員、ハッチの底へ重なり合って落ちてしまった。

これ以上にどうしようもなく悲惨な事態になってしまったのが、一八〇七年二月二三日のジョン・ホロウェイとベンジャミン・ハガティの処刑だった。このふたりも、五年前にハウンズロー・ヒースでジョン・コール・スティールを殺害した罪に問われ、まだ無実を訴えていた。彼らのほか、エリザベス・ゴドフリーも一緒だった。彼女は、前年のクリスマスにリチャード・プリンスの目をポケットナイフで刺して故意に殺したとして、死刑を宣告されていた。この三人は一緒に絞首刑に処せられた。『ニューゲイト・カレンダー』によると、

「この処刑を見ようと集まった群衆は前代未聞の数だった。最大限数えたところでは、四万人近かった。その結果起きた破滅的大惨事によって、この日は先々まで長く記憶されることだろう。八時には、台の上から見るかぎり立錐の余地もないほどだった。群衆は押し合いへし合いし、罪人が姿を見せる前から、多くの人々が、押すな押すな、と徒に大声を上げていた。そんなことを言っても、かえって混乱は増すばかりだった。背の低い女性数人が、無謀にも群衆の真ん中に入りこみ、悲惨な状態になって、ものすごい悲鳴を上げていた。男性に支えてもらっていたものの、男性が支えきれなくなってしまったあげく、転んで踏みつけられ命を落としたりした人もいた。

「処刑台の下あるいは絞首刑執行人の弟子たち」。公開処刑に夢中になる人々に対する風刺。18世紀ごろ。

女性だけでなく、男性や少年にもそういう場合があった。そこらじゅうで『人殺し！人殺し！』という叫び声が絶え間なく上がり、なかでも女性や子供の見物人の声がひときわ響いていた。見物人のなかには、助けの手をまったく得られず息を引き取ろうとしている人もいた。だれもがみな、もっぱら自分の命を守ろうと懸命だった。

「もっとも胸打つ悲劇のシーンが見られたのは、グリーン・アーバー・レーン、債務者の門の向かい近くだ。この近くで起きた惨事は、パイを処分しようとそこに来ていたパイ職人ふたりが発端だった。パイ職人のひとりが、四本足のスツールのような台に置いてあったバスケットをひっくり返し、群衆の一部が、何が起きたかわからぬまま、同時にひどく押されてバスケットの上に倒れ、その時ちょうどバスケットを拾い上げようとしていた職人も、バスケットの中身もろとも、群衆の下敷きになった。一度倒れたら、もう決して起き上がれなかった。このときの群衆のすさまじさはそれほどのものだった。

「この運命の場所で、ヘリントンという男がなぎ倒された。彼は末の息子の手を引いていた。一二歳くらいのかわいい子だった。その子はたちまち踏みつぶされて死亡した。父親のほうもかなりの傷を負ったが立ち上がり、ほかのけが人と一緒にセント・バーソロミューズ病院に運ばれた。無謀にも子供を抱いて来た女性も、死亡者のひとりになった。彼女は倒れこみながら、一番近くにいた男性の腕にわが子を押しつけ、お願いだから命を助けてと男性に頼んだ。その男性は、自分を守るのが精一杯だと思って、その子を投げたが、幸運にも、少し離れた別の男性がその子を受け止めた。その男性も、子供の安全を守るのが難しいと思ったか、あるいは自分の身も危ないと思ったか、先の男性と同じように子供を放り出した。その子はまたも別の男性に受け止められ、その男性が、子供を抱いたままどうにかこうにか荷車までたどり着き、荷車の下に子供をそっと置いた。やがて危険が去り、混乱していた群衆も消えた。別のところでは、群衆の押し合いがひどすぎて混乱もすさまじく、窒息死した人だけでも七人に上った。見ていてぞっとしたのは、大群衆が命を守ろうと必死にもがきながら、このうえなく猛烈な激怒にかられて互いに争っていた姿だ。その結果、もっとも弱い者、特に女性が犠牲になった。見物人を積み過ぎた荷車が崩壊し、そこから落ちた人のなかには、踏みつぶされ、立ち上がれない人も出た。罪人の処刑の時間には、

これも公開処刑に対する風刺。こちらは公開処刑に
猛反対していたジョージ・クルックシャンクの絵。

運悪く苦しんでいる人がいても、助けようという人はほとんどなかったが、遺体を下ろし、絞首台をオールド・ベイリー・ヤードへ移してしまうと、大惨事の起きた通りを係の者や警官が片づけた。衝撃的な話だが、一〇〇人近くが死亡か人事不省の状態で、通りのあちこちに散らばって横たわっていた！　二七人の遺体がセント・バーソロミューズ病院へ、四人がセント・セパルカー教会へ、ひとりがスノーヒルのスワンへ、ひとりがホルボーンのセント・アンドルーズ教会の向かいのパブへ運ばれた。また、徒弟だった人ひとりは親方のところへ、ピアノ製作者のブロードウッド氏はゴールデン・スクエアへ運ばれた。息子の遺体を抱いて運ぶ母親もいた。立派な紳士ハリソン氏はホロウェイの自宅へ運ばれた。ニューゲイトの向かいでは、少年の水夫が窒息死した。彼は小さな袋を持っていて、そこにパンとチーズが入っていた。おそらく、処刑を見ようと遠くから来たのだろう。死者や死にかけている人、けが人の搬送が終わると、片づけた靴や帽子、ペチコートなどの衣類が荷車一杯になった。午後四時まで、周辺の家々のほとんどにけが人がいた。その後、それらのけが人は友人が鎧戸や貸し馬車で運んで行った。セント・バーソロミューズ病院は一般住民の外来診療を中止した。遺体は服を脱がせて洗ってから、女性用病棟の二階の病室に並べられた。床に置かれ、シーツで覆われ、来ていた衣類が枕代わりに頭の下に置いてあった。顔は出ていた。また部屋の中央に柵が置いてあり、その衝撃的な光景を見るのを許された人たちが、その柵に沿って歩いていた。柵の向こう端まで行ったら、柵の反対側に回って戻ってくるようになっていた。息子のために泣く母親、夫のために泣く妻、兄弟のために泣く姉妹、親戚や友人のために泣くさまざまな人々が、病院の入り口を二時まで取り囲んでいた。

「翌日（火曜日）、セント・バーソロミューズ病院やそのほかの遺体置き場で、検視官が犠牲者の遺体の検視をした。目撃者数人が事故の状況について質問を受け、この調査は金曜日まで続いた。金曜日に出た見解では、『圧迫死と窒息死による搬送が数名』とのことだった」。

まずいことになりそうだったこともある。一八二七年一月二日、チャールズ・トマス・ホワイトというホルボーンの本屋が、保険金目当てに自宅に放火した罪で有罪になり、死刑を宣告された。処刑台に上がった彼は、絞首刑執行人ジェームズ・フォクセンと助手のトマス・チェシャーに激しく抵抗した。フォクセンが落とし戸を操作しに行こうとしたとき、ホワイトは手の縄を外し、頭のキャップをもぎ取った。そして落とし戸が開くと同時にジャンプし、ロープをつかんだ。目撃者によると、

「激しくもがきながら、彼の舌が口から飛び出し、体が痙攣し、顔がゆがんで、本当にぞっとした。恐ろしい形相に、群衆から悲鳴が上がり、その叫びは、死刑執行人がその悲惨な男の手を無理やりロープから引きはがし、彼の足を床から外し、彼の全体重がロープにかかるようにするまで続いた。その時でさえ、彼のゆがんだ顔が群衆から見えた。顔を隠されないまま、しばらくつるされていたので、ぞっとする光景だった。ついには、首つり役人が彼の足にしがみついて、彼の息の根を止め、その不運な悪党はもうもがくのをやめた」。

†廃止運動

イングランドでは、公開の絞首刑をやめさせようという運動が五〇年間も続いた。運動の賛同者が増えて、ついに目的が達成できたのは一八六八年のことだった。運動が始まったのは、一八一八年の

春、ある日の朝に、チャールズ・ディケンズの著書の多くで挿絵を手がけたジョージ・クルックシャンクという画家が、シティを散歩中、まだ遺体がぶら下がったままの絞首台に出くわしたのがきっかけだ。その遺体は女性ふたりで、一六歳になるかならぬかに見えた。少女たちは何をやったのか、と彼が見物人に聞いてみると、一ポンド札を偽造しようとして絞首刑になったという話だった。

ショックを受けたクルックシャンクは、一ポンド札の絵を描いた。ただし、ヴィクトリア女王の頭は、絞首台からぶら下がる遺体の列に置き換えてあった。この絵が公になると、猛烈な怒りの声が巻き起こった。イングランド銀行は一ドル札の発行を一時的に中止した。世論の圧力を受け、内務大臣のロバート・ピール卿はついに一八三二年、未成年者の犯罪に対しては死刑を廃止することを余儀なくされた。

真の一九世紀的リベラルだったチャールズ・ディケンズ自身も、この運動に協力した。彼は一八四九年一一月一三日、サリー州刑務所の外でマリアとフレデリックのマニング夫妻の処刑を見た。ふたりはマリアの愛人、パトリック・オコナーをホースマンガー・レーンで殺害したのだ。この後、ディケンズは『タイムズ』紙にこう寄稿した。

「今朝の処刑に集まった大群衆の不道徳さと軽薄さに匹敵するような考えられないほど恐ろしい光景は、だれも想像できないだろうし、太陽の下のいかなる異教の地でも見られないにちがいない。絞首台の恐怖も、これら卑劣な殺人者を絞首台に送った犯罪の恐怖も、集まった見物人のぞっとするような振る舞い、顔つき、言葉を前にして、私の心から消えてしまった。私は真夜中にその光景に出くわした。(中略)夜が過ぎるにつれ、黒人歌曲をもじって『スザンナ』を『マニング夫人』に置き換える等々した替え歌の大合唱の金切り声、笑い声、わめき声がこれらに加わった。夜が明けると、泥棒、売春婦、ごろつき、あらゆる種類の浮浪者がその地に群がり、ありとあらゆる不愉快で下劣な行為に及んだ。（中略）太陽が輝きを放ちながら昇ると、その光が何千もの上を向いた顔を照らしたが、彼らの野卑な浮かれ騒ぎや無神経さは言い表せないほどいやらしく、人として自らが同じ形状をしていることを恥ずかしく思わずにはいられないほどだった。このぞっとする光景を招いた張本人たち、あの惨めなふたりが宙でぴくぴく震えながらぐるっと回されたときには、何の感情もなく、同情もなく、ふたりの不滅の魂が神の審判を受けに行ったという考えもなかった。それは、キリストの御名がこの世で聞こえないなどありえないのと同様だった」。

確かにそれは低級な見世物だった。マニング夫人は縛られたまま失神し、気つけのブランデーを飲ませなくてはいけなかった。だが、『タイムズ』によると、ふたりは「ほとんどじたばたせずに死んだ」。前夜あれほど騒々しかった群衆も、行儀が良かった。「落とし戸が落ちるときも、帽子を振り上げる者はほとんどいなかった。殺人者たちの遺体は、落ちた勢いでゆらゆらと揺れがなかなか止まらなかったが、やがて見物人はその場から足早に去って行った」。

公開の絞首刑は一八六八年に廃止された。最後に行われたのは、その年の五月二六日、ニューゲイト監獄の外だった。つるされたのはマイケル・バレットというアイルランド人のテロリストで、クラーケンウェル拘置所を爆破して六人を殺害していた。その処刑を見ようと、群衆は酒を飲みながら夜明かしをした。そして夜明けに処刑台が運ばれて来ると、大騒ぎして声援を送った。その後、もっと多くの人々、主に若い女性と子供が次々とやってきた。朝の八時に鐘が鳴り響き、死刑囚の到着を告げるころには、群衆ははるかスミスフィールドまで広がっていた。
『タイムズ』にはこうある。

「最初の鐘の音が鳴ったとたん、外の群衆から飢えたような怒鳴り声と、『帽子を取れ』という落ち着いた大声が上がり、やがて、密集した無帽の群衆は、朝の陽光に照らされて白く死人のような顔になった。柵のほうへ押しかけようとする力は増すばかりで、最前列にいた女性が、金切り声を上げて逃げようともがき始めた。このような光景のさなか、白い顔がぎっしりと並ぶ群衆の前で、バレットがこれ以上なく完璧にしっかりした足取りでステップをのぼって行った。こういうのは紋切り型の文句だと思うだろうが、実際のところ、一般的な想像以上の意味がある。腕も手もきっちりと縛られた状態ではしごを登るのはただでさえ難しく、確実な死へ向かってはしごを登るとなると、もっとも大胆な神経を試されることになる。

「バレットは冷静に大胆に歩いて行った。彼の顔は大理石のように白かったが、まだ自分をしっかりと保っていたし、その態度は虚勢とも恐怖とも程遠いものだった。こうした細かいことを長々と書くつもりはないが、彼が処刑台に来たとき、まれに見るような出迎えを受けたことは述べておこう。群衆の一部からどっと歓声が上がったかと思うと、すぐにシーッという大きな野次も起きた。ただ、そういう状態は数秒間で、最後の瞬間が近づくと、騒ぎ声は次第に消え、しんと静まり返った。そんな歓声にも野次にも、この罪人はみじんもこたえなかった。彼が耳を傾けたのは、司祭が彼に語る言葉だけで、熱心に祈りにふけっているように見えた。

「絞首刑執行人はただちにキャップで彼の顔を覆い、ロープを首にかけた。するとバレットが、

モンフォコンのさらし絞首台。ギロチン導入以前は
パリの主要な処刑場だった。

回りながらキャップの奥で、ロープを直してほしいと言い、絞首刑執行人が言うとおりにしてやった。次の瞬間、バレットは絶命した。ボルトが引かれ、落とし戸がいつものようにドーンと大きな音をたてて落ち、バレットは動かなくなった。わずかにもがくこともなく死んだ。特筆すべきは、この罪人が落ちたとき、群衆から大きな叫び声が上がったことだ。感嘆の声でも金切り声でもなく、両方の音を含んだような叫び声だった。落とし戸が落ちると、群衆は散り始めたが、それでもまだ大群衆が、遺体を下ろす時が来るまで待っていた。そして九時になると、『おーい、死体泥棒！』とか『お前が殺ったやつを連れてけ！』と大声が上がった。怒声と呪いの言葉が巻き起こるなか、絞首刑執行人が姿を見せ、遺体を下ろした。ああした大群衆でもめったにお目にかかれないほど、ものすごい嵐のような怒声だった。これ以上見るべきものはなくなったので、群衆は散り散りになったが、いつものように暴行や強盗もついでに発生した」。

†フランスの輪縄

フランスもイングランドと同じく、一七九二年にギロチンを導入するまでは、絞首刑がもっとも一般的な処刑方法だった。どの町や村にも常設のさらし絞首台があって、腐りかけた遺体や骸骨がぶら下がっていた。驚くことでもないが、一番有名な絞首台はパリにあった。パリ北部、ドイツに向かう街道沿いのモンフォコンという丘だ。この丘の名前は絞首台の代名詞になった。

作家のポール・ラクロワによると、

「この有名な処刑場は、荒く切り出しただけの石を一〇から一二層に積んだ巨大な石造りで、縦が一二メートルほど、横が八～九メートルほどの囲いのような形をしていた。石積みの上部は平らな台になっていて、そこには石の階段を上って行くが、その階段の入り口は大きく重そうな扉に閉ざされている。この台の三方にはさらにそこから、厚さ約三〇センチの石材でできた高さ約九メートルの四角い柱が一〇本立つ。これらの柱の間にはそれぞれ木製の横棒が二本、しっかりと取りつけられており、その横棒から一メートルほどの鉄の鎖が垂れている。この鎖で犯罪者をつるすのだ。下のほう、柱の頂上と平らな台の中間にも、同じような横棒が同じ目的のために設置されている。また、柱には頑丈な長いはしごも取りつけられていて、死刑執行人と助手はそのはしごを使って犯罪者を連れて行ったり、遺体を運んでつるしに行ったりしていた。そして、この建造物の中央には深い穴がある。何ともぞっとする話だが、そこに犯罪者の腐りかけた遺体を捨てたのだ。

「ここに多くの遺体がいつもぶら下がっていたら、無数のカラスの恰好のごちそうになってしまうが、そんなことを思うと、この巨大な絞首台に奇妙な物悲しい側面があることは容易に想像できる。ある時のこと、ここの使えなくなった鎖五二本を交換する必要ができた。パリ市の記録によると、処刑の費用のほうが絞首台の維持費よりも大きかった」。

死刑囚はこの刑場まで荷車で運ばれた。座っていることも立っていることもあったが、ともかく背中を馬のほうに向け、横には懺悔を聞く司祭、後ろには死刑執行人が付き添う。その首には三本のロープがかけられていた。引き結びの「トルツーセ（首絞め縄）」が二本で、三本目は死刑囚をはしごから引き離すための「ジェ（投げ縄）」だ。処刑台に着くと、死刑執行人ははしごを後ろ向きに登り、ロー

レイニー・ベゼアの絞首刑。1936年8月14日。

プを使って罪人を引っ張り上げる。そして「トルツーセ」を絞首台に結びつけてから、「ジェ」を使って罪人をはしごから引き離す。最後に、足を罪人の縛られた両手に置き、ロープをぐいと引いて、早く窒息するようにする。

モンフォコンは処刑の場というだけでなく、フランスの別の地域から運んだ遺体をさらす場所でもあった。また、弓を持った者が警備し、魔女が近づかないように守っていた。魔女が犯罪者の脳を使って魔法の薬を作ると思われていたからだ。ここに来る前に斬首されたり四つ裂きにされたり煮られたりしてバラバラになった遺体の場合は、籐カゴか皮袋に入れてぶら下げたが、かなり長期間つるすことが多かった。一四一三年に斬首刑に処せられたピエール・デ・ゼサールも、絞首台で三年間さらされてから遺族に戻され、やっときちんと埋葬された。モンフォコンは一七世紀の初めに使われなくなり、その代わりとして、町からもっと離れたところに小さい絞首台が置かれた。

タイバーンやモンフォコンと同様にほかのところでも、処刑となると、その空気を生で体感しようと大群衆が集まった。群衆が多すぎ、当局がゲートを閉めて立ち入りを制限したこともある。当時の記録によると、こうした処刑の見物人は、荷馬車に何台分もの食べ物や飲み物を平らげたという。

†アメリカの絞首刑

植民地時代のアメリカも、庶民の犯罪者の処刑には絞首台を使ったし、公開の絞首刑は二〇世紀に入ってもしばらく続いた。もちろん、ディープ・サウスではクー・クラックス・クランが半ば公開のリンチを数多く行っていたが、そういうのは裁判に基づかない殺害で、死刑というよりも殺人に当たる。一九〇一年、ニューメキシコのクレイトンで、列車強盗の「ブラック・ジャック」・ケッチャムが大勢のカウボーイや町民の目の前で絞首刑に処せられたとき、彼は絞首台までの一三段の階段をぴょんぴょんと一段おきに駆け上がって行った。このときの絞首刑は、情け深い方法「ロングドロップ」だったが、運の悪いことに、絞首刑執行人が計算を間違えた。首に縄がかけられ、この口ひげをたくわえた無法者は群衆にこう叫んだ。「さっさと地獄へ行ってやるから、あんたら朝飯に間に合うぜ」。そして保安官のほうを向くと、「思いっきりぐいっとやってくれ」。彼は正しかった。落とし戸の下へと落ちて行ったかと思うと、縄が彼の首を胴体からもぎ取ってしまったのだ。

同じようなことは、一八八〇年のワシントンDCでもあった。ジェームズ・ストーンという、妻と義理の姉妹をかみそりで襲った男の処刑で、皮肉なことに、彼もふたりの頭をほぼ切断していた。絞首刑執行人がトラップを開けると、ストーンの頭は胴体からもぎ取れていたが、キャップを脱がせたら、彼の顔は穏やかで、唇がまだ動いていたし、彼の心臓もそれから二分間鼓動を打ち続けた。

そんなアクシデントのせいで、アメリカ人は絞首刑に反対するようになった。一九七六年に死刑制度が復活して以来、この形の死刑は今や、ワシントンとデラウェアの二州だけが致死薬の注射と並んでオプションとして採用している。

アメリカで公式の公開絞首刑が最後に行われたのは、一九三七年、ミズーリ州ストーン郡のガリナだった。一九三四年八月のこと、巡回セールスマンのパール・ボザースがヒッチハイカーのロスコー・「レッド」・ジャクソンを拾ってやり、ミズーリ州ブランソンで食事までごちそうした。ところがその後、ジャクソンがボザースを殺害した。そして一九三七年五月二一日の午前六時、ジャクソンはガリナの中央広場で、柵に囲まれた処刑台に連れてこられた。当初は処刑の立ち会い人として四〇〇人を招いただけだったが、当日になってみると、二〇〇〇人以上の群衆が集まって、木の上など眺めのいい場所に座っていた。女性や子供も多かった。

別れのスピーチをするよう言われ、死刑囚はこう言った。「これで俺もおしまい。こんなに人が集まって混雑してるのもみんな俺のせいだ。迷惑かけたみんなに許してくれって言うのは、ずうずうしい頼みだろうが、みんなわかってほしい。俺は死ぬけど、憎しみなんてこれっぽちも心にない。こんなことになったのはだれのせいでもない。俺自身のせいだ。法律が義務を果たしているだけだ」。それから彼は、カトリックの司祭と一緒に祈りをささげ、声に出してイエスに慈悲を請うた。首に縄がかけられ、ぐっと締められると、「じゃあな、みんな」と大声を上げた。

落とし戸がぱっと開き、彼は落下して死んだ。この出来事のあと、ミズーリ州は公開処刑の見物人の行動が原因で、代わりにガス室を使い始めた。ロスコー・ジャクソンの絞首刑から一週間後、『ニューヨーク・タイムズ』紙はこう書いている。「昨年、郡当局が行ったいくつかの公開絞首刑は、ミズーリ州民に衝撃と恥ずかしい思いを与えた。今や州民は、死刑執行は野蛮な見世物の場ではないと考えている。少なくとも三つの例を見るかぎり、小さなコミュニティはその日一日カーニバルの開催地になった。その見世物を見ようと、数マイル四方から何百もの人々が町へやってきたのだ」。

隣のケンタッキー州は、一九三八年まで公開の絞首刑が法令集に載っていた。アメリカで最後に行われた公開処刑も、ケンタッキー州デイヴィーズ郡のオーエンズボロで行われたもので、レイニー・ベゼアという二二歳の黒人男性の処刑だった。ベゼアは一〇〇〇〇人を超える白人の大群衆の前で首をつられた。アル中のケチな犯罪者だったベゼアは、七〇歳の白人女性リッシャ・エドワーズに対する強姦と殺人で有罪になったのだ。ただし、ベゼアはエドワーズを殺害したのに、告発されたのは強姦罪のほうだけだった。というのもレイプなら、電気椅子ではなく絞首刑にできるからだ。この処刑は、デイヴィーズ郡の新任保安官がフロレンス・トンプソンという女性だとわかったとたんに、全米の注目を浴びるようになった。ベゼアの首をつるのは彼女の仕事になるからだ。だが結局、ハッシュというもっと経験豊富な絞首刑執行人がトンプソンの代理を務めた。落とし戸がぱっと開き、ベゼアは二・五メートルほど落ちて即死した。この時、群衆が絞首台に押し寄せ、死んだ男から「土産」をつかみ取ろうとした、という話もあるが、これは誇張だろう。それでも、そうした話はアメリカの公開処刑の廃止に役立った。

第五章

首つり・内臓えぐり・四つ裂きの刑

「まず出身地へ連れて行かれ、そこからハードルに乗せられて処刑場へ引かれて行く。それから首をつられ、生きているうちに縄を切られて下ろされ、陰部を切り取られる。そして、胴体から内臓を取り出され、生きているうちにその目の前でその内臓を焼かれる。そして、首を切り落とされ、胴体を四つ裂きにされる。そして、国王陛下のご随意のまま、頭と四つ裂きの胴体が処分される。主よ、その魂にご慈悲をたれたまえ」（イングランドの首つり・内臓えぐり・四つ裂きの刑）。

イングランドでは、大逆罪に対する究極の処刑が「首つり・内臓えぐり・四つ裂きの刑」だった（ただし、女性の体をこのように切り刻むのは、当時は無作法と考えられていたので、女性の反逆者は火あぶりの刑になった）。

前述の死刑で使うハードルとは、木の枝を編んで作った柵のようなもので、死刑囚をハードルに縛りつけ、馬で引かせる。また、首つりの方法は、首が折れないよう「ショートドロップ」にするが、しばらくぶら下げたまま放置するので、囚人は窒息して半死半生になる。その後、ロープを切って囚人を下ろし、木製の処刑台に寝かせる。ここで、死刑執行人が性器を切り取って、火のなかに放りこむ。そして腹を切り開き、内臓を引きずり出して焼く。最後に、心臓をえぐり出し、首を切断し、胴体を四つに裂く。この陰惨な試練の最中のどこかで、受刑者は窒息死するかショック死するか、命にかかわる臓器の損傷で死ぬ。反乱を扇動した死刑囚の場合は、四つに裂かれた胴体が、国内各地でさらされる。反逆者にどんな運命が待っているか、みなに知らしめるためだ。首のほうは、不気味な見せしめとして、城の狭間胸壁かロンドン橋でさらし首にする。

この形の公開処刑が考え出されたのは、一二四一年、貴族の息子でありながら海賊行為に手を染めたウィリアム・モーリスを処罰するためだったと言われている。確かなのは、プリンス・オブ・ウェールズ（ウェールズ大公）の称号を要求した最後のウェールズ生まれのプリンス、ダフィズ・アプ・グリフィズに対して、一二八三年にこの処刑が使われたことだ。クルーイド州ハワーデンでイングランドの守備隊を襲撃したあと、彼はシュルーズベリーで反逆罪に問われて死刑を宣告され、「彼をナイトにした国王に反逆した者として絞首台へ送られ、ハワーデンの城に連れこんだ紳士を殺害した者として首をつられ、キリストの受難の儀式を毀損するという冒瀆を犯したために四肢を焼かれ、さまざまな場所で彼の君主である国王の殺害を企てたかどにより、四つに裂かれた胴体を国中にばらまかれる」ことになった。

有名なところでは、スコットランドの愛国者サー・ウィリアム・ウォレスも一三〇五年に同じ運命に見舞われた。彼は反逆罪で有罪になり（ただし彼自身は、イングランドの王に忠誠を誓ったことなどない、と言った）、数頭の馬の尾に縛りつけられてロンドンじゅうを引き回された。そして翌日、スミスフィールドの処刑台へ送られ、そこで身の毛のよだつような処刑が行われた。四つ裂きにされた彼の遺体は、パース、スターリング、ベリック・アポン・ツイード、そして、すでに彼の剣を持つ手がさらされていたニューカッスル・アポン・タインへと送られた。首のほうは大釘に刺してからロンドン橋でさらし首にし、「地上の通行人からも水上の通行人からも見えるように」した。記録に残っている例としてはこれが最初で、以来、ロンドンの住民はその時々の首を見に押し寄せた。ちなみに、さらし首にするに先だって、まずニューゲイト監獄にあるジャック・ケッチのキッチンと呼ばれた部屋にその首を運び、スパイスをたっぷり入れた大釜でゆでた。こうすると、カモメが遺体の肉をついばむのを防げた。

†殉教者

一五三五年から一六八一年にかけ、一〇五人ほどのカトリック教徒がプロテスタントへの改宗を拒んで殉教し、タイバーンで首つり・内臓えぐり・四つ裂きの刑に処せられた。ガイ・フォークスと火薬陰謀事件の共謀者も、一六〇五年に国会議事堂内でイングランド国王ジェームズ一世（スコットランド国王としてはジェームズ六世）を爆殺しようと企て、やはりこの形の死刑を申し渡された。そのうちロバート・ウィンター、トマス・ベイツ、ジョン・グラント、サー・エヴァラード・ディグビーは、一六〇六年一月三〇日にセント・ポールズ・チャーチヤードの近くで死刑になった。目撃者によれば、死刑執行人が「これが反逆者の心臓だ」と言いながらディグビーの心臓を掲げると、ディグビーは心臓をえぐられながらもまだ死んではいなかったらしく、「うそだ」と言い返したという。

次の日、トマス・ウィンター、アンブローズ・ルックウッド、ロバート・キーズ、そしてガイ・フォークスが、国会議事堂前のオールド・パレス・ヤードに引き出された。処刑台に上がったウィン

13世紀のスコットランド人の反乱を率いたウィリアム・ウォレス。イングランド国王エドワード I 世の前で裁判にかけられ、死刑となった。

ターは、罪の許しを請い、私は真のカトリック教徒として死ぬ、と宣言した。一説によると、彼ははしごを登るときから死人のように真っ青で、ぶら下げられて一度か二度揺れたかと思うと下ろされ、四つ裂き用の台に運ばれて、慈悲深い死を与えられたという。

ルックウッドは罪を認めるスピーチを長々と行って、神の慈悲を請うた。そして、家族のことを国王に託し、国王の末長い幸せを祈った。国王をカトリック教徒にしてください、と神に願うことまでした。絞首台から下ろされたとき、彼はもう死んでいた。

キーズはスピーチをしなかった。さっさとはしごを登って、思い切り飛び降りた。それで首の骨が折れれば、処刑が終わり、あまり苦しまずに逝ける、と必死だったのだ。だが、思いどおりにはならなかった。ロープが切れ、彼はまだ生きて意識のあるまま四つ裂き用の台へ引きずって行かれて、この世でもっとも恐ろしい切り裂きの刑を受けた。

最後がフォークスだった。彼は悔恨の情を示し、「カトリック教徒たるもの、そうした血なまぐさい行為を決して試みないように」と強く求めた。「そのようなことは、神は決して賛成なさらず成功させてもくださらない」。彼はひどい拷問を受け、はしごを登れなくなっていたが、死刑執行人の手を借りて、落下したら首が折れそうな高さにまでどうにか登って行った。幸いなことに、彼は絶命してから体を切り刻まれた。

これら共謀者の四つに裂かれた胴体はシティの門でさらされ、首はロンドン橋でさらし首になった。さらし首にする費用は二三シリング九ペンス（一・一九ポンド、今の貨幣価値で一五〇ポンド）だった。この明細書は今もロンドン塔に保管されている。

†国王殺害者の四つ裂き

一六六〇年八月、国王に復位したチャールズ二世は、大赦法を制定し、オリヴァー・クロムウェルと彼の共和制政府を支持した者いっさいに恩赦を与えた。ただし、父親の死刑執行令状に署名した「国王殺害者」だけは例外になった。特別法廷が設けられ、一六六〇年一〇月、そうした国王殺害者が裁判にかけられて即決で有罪になり、首つり・内臓えぐり・四つ裂きの刑に処せられた。

真っ先に処刑されたのは、トマス・ハリソン少将だった。ただし彼は、内戦中議会派に味方して戦い、チャールズ一世の死刑執行令状に署名したとはいえ、その後クロムウェルと対立して投獄されていた。当時出版された『二九名の国王殺害者、もっとも輝かしき記憶の亡き国王陛下の殺害者（中略）に対する（法律に従った）起訴、罪状認否手続き、審理、判決の正確かつ公平な記述』によると、彼の死は次のようなものだったという。

「一六六〇年一〇月一三日土曜日、午前九時から一〇時にかけ、トマス・ハリソン少将は、判決に従い、ニューゲイトからチャリング・クロスという場所までハードルで引かれて行った。そこには最近造られたばかりの柵のなかに、さらし絞首台が建てられており、彼はホワイトホール宮殿のバンケティング・ハウス（我らが永遠の記憶である亡き君主が犠牲になられた場所）を向いてつるされた。そして半死半生のまま、庶民の死刑執行人が縄を切って彼を下ろし、彼の目の前で彼の陰部を切り取り、彼のはらわたを焼き、彼の頭を胴体から切断し、彼の胴体を四つに裂いた。その胴体は彼を運んできたハードルでニューゲイトへ戻された。彼の首は棒に刺され、ウェストミンスター・ホールの南東の端の屋根に、ロンドンの方向を向くように置かれた。四つ裂きになった胴体も、シティの門の一部で同様にさらされた」。

あのサミュエル・ピープスもハリソンの処刑を見たひとりで、『日記』にこう書いている。

「チャリング・クロスへ行き、そこで行われた、ハリソン少将の首つり・内臓えぐり・四つ裂きの刑を見た。彼はあの状態で可能なかぎりの陽気な顔をしていた。ほどなくロープが切られて彼が下ろされ、その首と心臓が人々に示されると、それに対し大きな歓声が上がった」。

驚いたことに、ハリソンはこの処刑の間かなり長く生きていた。彼は「生きたまま下ろされ、胴体

in Britannia,
Anno CIↃ. IↃ.CVI
de quaternis,
omnino Supplicij
m expressum.
Fama
5
8

1605年の「火薬陰謀事件」の犯人、ガイ・フォークスと共謀者の処刑。彼らは国王ジェームズⅠ世の暗殺とイングランドでのカトリック復興を企てたが失敗した。

から内臓を取り出された」のに、「起き上がり、死刑執行人に一発お見舞いするだけの力が残っていた」。この死刑執行人とは、おそらく自称「郷士」のエドワード・ダンだろう。彼は死刑囚を容赦なく愚弄していた。

翌週、さらに九人の国王殺害者が同様のぞっとするような方法で公開処刑された。ジョン・カルー、ジョン・クック、ヒュー・ピータース、トマス・スコット、グレゴリー・クレーメン、エイドリアン・スクループ、ジョン・ジョーンズ、フランシス・ハッカー、ダニエル・アクセルの九人だ。サミュエル・ピープスの一〇月二〇日の日記によると、

「今日の午後、ロンドンを通り抜けてセント・バーソロミューズにある家具職人クローの家を訪ねたとき、アルダーズゲートに新しい反逆者のだれかの手足がかけられているのが見えた。悲しくなる光景だった。先週から今週にかけて血なまぐさい一週間だった。一〇人もの人が首つり・内臓えぐり・四つ裂きの刑に処せられた」。

死刑執行令状に署名した人間のなかには、この時すでに死亡していた者もいたが、だからといって、その人たちが刑罰を免れるというわけではなかった。ジョン・ブラッドショー、トマス・プライド、ヘンリー・アイアトン、オリヴァー・クロムウェルについても、死後に大逆罪で裁判にかけられるという茶番が繰り広げられ、有罪を宣告された。彼らの遺体は一六六一年一月に墓から掘り返され、タイバーン刑場で鎖を使って絞首刑に処された。

†ジャコバイトの反乱分子

一七一五年のジャコバイトの反乱後は、三人が首つり・内臓えぐり・四つ裂きの刑になった。キャプテン・ウィリアム・カー、キャプテン・ジョン・ゴードン、ジョン・ドレルで、三人とも同年の一二月七日にタイバーンで処刑された。一七四五年のジャコバイトの反乱では、さらに九一人がこの形の死刑判決を受けた。うち二〇人はカーライルで死刑が執行され、六人がブランプトンで、七人がペンリスで処刑された。さらに翌年、二二人がヨークで、七人がケニントン・コモンで処刑されたが、このケニントン・コモンというのはサリー州の処刑場で、キャンバーウェルの近くにあり、今はケニントン・パークと呼ばれている。こうした人々のひとりに、三七歳のフランシス・タウンリー大佐という、ジャコバイト軍のマンチェスター連隊長がいた。一七四五年にしばらくカーライルを制したものの、カンバーランド公爵に降伏した連隊だ。タウンリーは翌年七月に処刑されたが、当時の記録に

正装したイングランド国王ジェームズⅠ世（スコットランド国王としてはジェームズ6世）。どちらかと言えば穏健でうまくやった国王だが、それでも議会やカトリック教徒の臣民のなかには敵がいた。

かなり大ざっぱだが、ロンドン橋に掲げられた反逆者のさらし首が描かれている。この橋が南からシティに入る正門だった。

よると、「彼は六分間つるされてから下ろされ、まだ息のあるうちに四つ裂き用の台に寝かされた。死刑執行人が彼の胸を数回殴打したが、思いどおりの反応がなかったので、すぐに彼ののどを切った。その後、彼の首を切り取ってから腹を切り開き、はらわたを取りだして火のなかに放りこむと、火がはらわたを焼き尽くした。それから死刑執行人は彼を四つに裂き、首と一緒に棺桶に入れた。遺体は八月二日の土曜日までそのまま置かれてから、首はテンプル・バーにさらされ、胴体と手足は焼かれた」。ところが、首はテンプル・バーから盗まれ、以来、タウンリー家がひそかに保管していた。そして一九四五年、バーンリーにある一族の墓に埋葬された。

タウンリーのはらわたを抜き始めるとき、死刑執行人は彼がすでに死亡していることを確かめていた。この刑罰のなかでも特に胸が悪くなるような部分は、次第に軽くなっていく。やはり一七四五年の反乱に関与したドクター・アーチボルド・

イングランド内戦での国王殺害者の残酷な処刑。

キャメロンが、一七五三年六月七日にタイバーンで処刑されたときには、彼は首をつったまま二〇分も放置された。絞首台から下ろした時点で、彼が死亡していたのはほぼ確実だ。それから首を切ったが、これ以上切り刻むことまでしたのかどうか、はっきりしない。彼の遺体はサヴォイ・チャペルに埋葬された。

一七八一年七月二七日、スパイのフランソワ・アンリ・ド・ラ・モットが、ジョージ三世の殺害を企てたかどによりタイバーンで処刑されたときも、彼は絞首台に三〇分近くぶら下げられていた。それから首をはねて群衆に見せ、心臓を取り出して焼いたが、胴体はナイフで切り傷をつけて、四つ裂きを象徴するようにしただけだった。一方、一七八二年八月二四日にポーツマスでデイヴィッド・ティリーが処刑されたときには、刑罰は完全な形で執行された。

一七九八年七月七日にも、メードストンで首つり・内臓えぐり・四つ裂きの刑が行われた。処刑されたのはジェームズ・オコイグリーという男で、「国王の殺害を企て、国王の敵を信奉した」という罪だった。フランスの侵攻に合わせて、ブリテン島とアイルランドで反乱を扇動しようと企てたのだ。この時の処刑が実際にはどこまで執行されたのかはわからない。

一九世紀になっても、まだこのぞっとする刑罰を申し渡すことがあったが、死刑になった反逆者は、少なくとも死亡を宣告されるまで首をつられるようになった。それに、遺体の首は切断したものの、あの陰惨な部分は免除した。一八〇二年、オコイグリーの共謀者、エドワード・デスパード大佐がまたも陰謀をめぐらした。ジョージ三世を暗殺し、イングランド銀行とロンドン塔の占拠を手始めに反乱を起こそうとしたのだ。デスパードと共犯者六人は逮捕され、全員が裁判にかけられた。そして、ネルソン卿がデスパードの弁護に立ったにもかかわらず、大逆罪で有罪になった。ただし、陪審は「彼の以前の貢献を考慮して」減刑も勧告した。結局、法に従って、判決は完全な形で申し渡されたが、この当時、性器の切断という部分はすでに省かれていた。それに、処刑の執行令状が届いてみると、内臓えぐりも四つ裂きも書かれていなかった。ところが、このささやかな減刑に、デスパードはあまり感謝を示さなかったという。一八〇三年二月二一日の朝、彼は妻に別れを告げ、拘束具を外してもらったが、宗教の慰めを拒み、これから刑場まで乗ることになるハードルをちらりと見て、大声を上げた。「は！ なんだこのばかげた猿芝居は！」。

この死刑囚七人は、ニューイントンのホースマンガー・レーンにあるサリー州刑務所の屋上に設置された絞首台で処刑された。台の上は一〇〇人の招待客で一杯で、周囲の道路も、万が一の暴動に備えて軍と警官隊が埋め尽くしていた。処刑台に上がったデスパードは、反逆罪など犯していないと反論し、自分は「真実の友、自由の友、正義の友、（中略）貧しい人の友、虐げられている人の友」だと言った。約二万人の群衆が喝采を送り、七人は首をくくられ、そのまま三〇分放置されてから下ろされて、首を切り取られた。

この時期は革命期だった。一八〇三年一一月七日、ペントリッチ革命を率いたジェレマイア・ブランドレス、ウィリアム・ターナー、アイザック・ラドラムの三人が、ダービーで絞首刑と斬首刑に処せられた。ノッティンガム地域で給料と労働条件に抗議し、武装して暴動を起こしたのだ。翌日の『タイムズ』紙によると、

「死刑執行人が斧を振り上げ、全力で首を打った。その瞬間、群衆から悲鳴が上がった。それから死刑執行人が首を取り上げ、髪をつかんで群衆にこう言った。『反逆者ジェレマイア・ブランドレスの首を見よ』。ここまでのところ、群衆は静まりかえり、ぴくりとも動いてはいなかった。だが、首を見せられたとたん、ものすごい金切り声が上がり、群衆は猛烈な勢いで四方八方に駆

イングランドの護国卿オリヴァー・クロムウェル。チャールズⅠ世を裁判にかけた主導者。

けだした。まるで突然、精神錯乱の発作に襲われたかのようだった。もといた場所に戻った人々はブーブー、ホーホーと不満の声を上げて野次った。槍を持った兵士も警官もいっせいに動き出し、通りの両側で待機していた騎兵数人が剣を抜いて近づいた。しかし、騒動はたちまち治まった。あれだけの大群衆だったが、その時にはもう残っている者はほとんどなく、続いてターナーとラドラムの首がそれぞれ同じように掲げられても、人々は静かに見ていた。その後、首と胴体が棺桶に放りこまれ、見物人もみな消えた」。

†カトー・ストリートの陰謀

イングランドで最後に首つり・内臓えぐり・四つ裂きの刑が行われたのは、アーサー・シスルウッド、リチャード・ティッド、ジョン・ブラント、ジェームズ・イングス、ウィリアム・デイヴィッドソンの五人の処刑だった。「カトー・ストリートの陰謀者」と呼ばれた彼らは、一八二〇年五月一日にニューゲイト監獄の外、オールド・ベイリーで処刑された。デスパードやオコイグリーといった人々と同じく、彼らもアメリカやフランスの革命に触発され、イギリスでも革命を起こそうとしていた。全閣僚と国王を殺害し、セントヘレナ島に流刑されているナポレオンを救出しようという計画だった。だが、エジウェア・ロードから奥に入った路地、カトー・ストリートの隠れ家から出かけるところを逮捕され、反逆罪で有罪判決を受けて、相応の刑を宣告された。

この判決では、性器切断はまったく書かれていなかった。内臓を抜き出すことも四つ裂きも省かれていた。また、処刑を取り仕切った執行官は、死刑囚をハードルに乗せて引き回すこともやめようと決めた。そもそも、見物の大群衆が街頭に詰めかけ、そんなことは不可能だった。処刑は明日の月曜日にニューゲイト監獄の外で行われる、と日曜日の新聞が報じたせいで、何千もの人が見物の場所を確保しようと押し寄せた。このため群衆を下がらせようと、周辺の通りには柵が立てられ、その柵を秩序維持のために投入した警官や兵士が守っていた。処刑台を見下ろせる窓は、一〇シリングから二ギニー（五〇ペンスから二・一〇ポンド、今の貨幣価値で三〇ポンドから一二〇ポンド）も席料を取った。監獄の屋上に新しい処刑台を造るという計画もあったが、これは断念し、代わりに、絞首刑に使う普通の処刑台を拡張して、斬首用のスペースを作った。また、処刑台は黒い布で飾り、血を吸い取るおがくずをまいた。

「ピータールーの虐殺」。軍隊がデモに参加した労働者を弾圧し、11人が死亡した。カトー・ストリートの陰謀は、この事件への報復が動機のひとつだった。

その朝、舞台裏にいた『ニューゲイト・カレンダー』の執筆者は、次のように書いている。

「七時、監獄の周辺にも、監獄へ通じる通りにも、監獄の壁がはるか遠くにちらっと見えるだけの通りにも、群衆が集まって、数え切れないほどだった。それでも、無秩序になる様子はまったくなかった。それどころか、治安を守ろうと物々しい準備がなされたので、何の懸念もなかった。しかしながら、万一の暴動に備えて、市長は巨大な看板を用意し、騒擾取締法を読み上げて解散を命じることが必要になったらいつでも使えるようにしておいた。七時の直後、死刑執行人が絞首台に姿を見せ、後で死刑囚を死の梁に結びつけに登る踏み台を置いた。おがくずは、前もって第二の処刑台に小さな山ふたつ分集めてあったものを、この時床にまいた」。

この後、棺桶が運び出され、こちらにもおがくずが敷き詰められた。棺桶の継ぎ目から血が漏れないようにするためだ。

「今や、あの不運な男たちがあの世へ送られる恐ろしい瞬間が近づきつつあった。どの男も、自分を担当する役人と自由に話をしており、これが人生でもっとも幸福な瞬間だ、とそれぞれきっぱりと言った。

「最初にシスルウッドが死刑囚監房から出てきた。彼は執行官と立ち会いの紳士がたにおじぎをした。真っ青な顔で、目を上に向けて言った。『大丈夫そうだ』。彼はめったにないほどしっかりした様子を見せていて、自分から両手を死刑執行人の助手へ差し出して縛らせた。そして、近く

カトー・ストリートの陰謀者が隠れ家で逮捕されているところ。『カッセルのイングランド史』の劇的な挿し絵。

にいる人に向かって、これまでの人生、こんなに元気だと感じたことはない、と言った。彼は裁判の時と同じ服を着ていた。彼の見せた落ち着きは印象的だったが、虚勢や無頓着のようなものはなかった。それから彼は、足かせを外してもらいに台のほうへ行き、看守がそうしているあいだに、次のティッドが現れた。彼は監房からプレス・ヤードへ出ていくときもまったく陽気な態度だった。両手を縛られているあいだも笑顔を見せていたし、足かせを外してもらうときも実に明るかった。彼は両足が自由になったとたん、ベンチ（囚人を腰かけさせるためにヤードに置いてあるもの）に座っているシスルウッドのほうへ駆け寄って、『おや、シスルウッドさん、はじめまして』と言った。二人は心をこめて握手をした。シスルウッドが最高にいい気分だと言った。ティッドは明るく楽しそうに看守と話をしながら、足かせのリベットを抜いて、足かせを外している男を落ち着いた様子で手伝っていた。

「次にイングスが監房から出てきたが、ダンスをしながらヤードに沿う階段を下りてきた。彼は肉屋をしていたときのいつもの服を着ていた。霜降り色の目の粗いウーステッドの上着と汚れたキャップだ。両手を縛られているあいだ、彼は物思いに沈んだ様子になり、その後、せかせかしたような、精神的にひどく苦痛を感じているような様子になったが、足かせを外す前になると、笑ったり大きな声を出したりし始め、その後、仲間の横に腰を下ろした。

「それからブラントがプレス・ヤードに連れられてきた。彼は落ち着き払っていたが、きょろきょろとあたりを見回し、不運な仲間を探していた。そして仲間に向かってうなずき、両手を縛らせるために差し出した。縛られているあいだも、足かせを外されているあいだも何も言わなかったが、その後、シスルウッド、ティッド、イングスに話しかけた。元気を出すようにと三人に言い、うちひとりに向かって『何もかもすぐに良くなる』と言った。

「それからデイヴィッドソンが監房から連れられてきた。彼は仲間を見て少し心が動かされたようだったが、すぐに、裁判で示していたような落ち着きを取り戻した。唇が動いていたが、足かせを外されるまでは不安をあまりさらけ出してはいなかった。それから彼は、教誨師のコットン師を必死のまなざしで見つめた。非常に熱心に祈りをささげているようだった。残りの四人は、人類すべてと共に心安らかに死ぬつもりだが、宗教のことについてはすっかり心を決めており、理神論者として死ぬと決めている、と明言した。

「絞首台のヨーマンが罪人を縛り上げるという恐ろしい儀式が終わると、彼らはそれぞれ握手し、

カトー・ストリートの陰謀者は、英国の閣僚全員の殺害計画に関与したかどにより、1820年5月1日、ロンドンのニューゲイト監獄の外で絞首刑のうえ斬首された。本来の刑罰にある性器切断の刑は当局が省いた。

この上なく熱意をこめて『神のお恵みを』と叫んだ。それからコットン師が埋葬式の祈禱文を読み上げ始めた。『わたしは復活であり、命である』（日本聖書協会『新共同訳聖書』より訳文引用）うんぬんで始まるものだ。そして準備が整うと、行列を組んで、執行官と執行官補佐を先頭に、監獄の暗い通路を抜けて進んでいった。コットン師が最初に動いた。シスルウッドが次に続いたが、彼は何か抽象的な考えにふけっているかのように目を見据え、今の状況など眼中にないようだった。うつろで無表情なまなざしが彼の顔つきを支配し、敬虔な教誨師の祈禱にも心を動かされないように見えた。次にティッドが歩いた。今の状況にいくらか動揺していたが、その態度は落ち着いて男らしく、動じることなくしっかりとしていた。次がイングスで、彼は笑いをこらえようともせず笑い続け、自然な本心を全力で抑えようとしていたが、そうしないと今の恐ろしい状況を思い起こしてしまうからかもしれない。彼の振る舞いは、勇気の結果というよりも恐怖で錯乱しているようだった。次のブラントは、頑固な心が動じず折れもせず、むっつりと不機嫌そうに無関心を装い、自分を破滅へと導いている役人をしげしげと見ていた。最後が不幸なディヴィッドソンだった。手を合わせ、上目づかいに見上げて、真剣に祈っていた。この陰気な行列のしんがりは監獄の役人だった。

「一行は処刑台に通じる債務者の門の手前、ロッジに着くと、一瞬立ち止まった。その間に、外では恐ろしい処刑道具を調整していた。最初に立ったシスルウッドは、唇を固く結び、眉をしかめてその門戸に立ち、自分を死に追いやるための恐ろしい準備を眺めた。そして次の瞬間、監獄の外の人々は、監獄のなかの行列が扉のところに到着するのを見た。これからそこを通り抜け、自分の血で罪を償うのだ。

「教誨師が台に上がり、七時四五分、シスルウッドが処刑台に姿を見せた。台に上がるとき、足元が少しふらついていた。落とし戸の端に導かれているときは、いくらか上気した顔を少しゆがめた。だが彼の態度はしっかりしていて、まったく平然と群衆を見回した。彼は手にオレンジを持っていた。頭にキャップがのせられると、目までかぶせないでもらいたいんだが、と頼んだ。死刑執行人が首にロープをかけていると、家の屋根にいる人が『全能なる神のお恵みを』と叫んだ。シスルウッドはうなずいた。先に上がっていたコットン師が、シスルウッドに耳を傾けさせようとしたが、シスルウッドは頭を振って『いや、結構』と言った。そして、群衆のなかにだれ

フランスのアンリ４世は、1610年５月14日、馬車に乗っているときに、狂信的なカトリック教徒のフランソワ・ラヴァイヤックに暗殺された。

か知り合いがいるのでは、と期待しているかのように何度も見回し、群衆が遠くに離されているとわかって、かなり当惑しているようだった。

「シスルウッドの顔をよく知らず、彼は処刑台で死ぬ恐怖をあらわにしていると思った人もいたが、その推測はひどい間違いだった。彼が隠れ家で危険な謀略を発表していたときも、彼の表情は同じで、首にロープをかけられたシスルウッドも、スミスフィールドで異彩を放っているように見えたシスルウッドと同じシスルウッドだった。

［シスルウッドは一八一六年にスミスフィールドで起きたスパ・フィールドの暴動でもリーダーのひとりだった］。

「死刑執行人が恐ろしい準備を整えているあいだ、コットン師が彼に近づき、この先の彼の考え方について話した。シスルウッドは頭を振り、そのことならこの世での助けは要らない、と言った。それからオレンジをかじって吸い、処刑台に集まっている役人を見下ろしてきっぱりと言った。『私にはもうほんの少ししか時間がない。だから世間の人々にわかってもらいたい。私は心底努力してきたし、私は自由の友として死ぬということを』。

「その哀れな男は、もちろん良い姿とは言えず、みるみるひどい姿へと変わっていった。後ろ手に縛ったロープの圧力のせいで、両肩が変形するほどに持ち上がった。彼の頭にキャップをのせてからロープを横木に結びつけた死刑執行人が、執行官のほうを見た。それが、シスルウッドに対する彼の職務が完了したという合図だった。

「死刑執行人が外でこの哀れな男に最後の職務を果たしているあいだ、ロッジでどんな光景だったかは、ほとんど筆舌に尽くしがたい。小さく群れた人々のなか、恐ろしく強情なブラントとおびえきったイングスがいた。イングスは何とも言いようがないほど大胆で、オレンジをかじっては耳障りな声で叫んでいた。『われに死を、さもなくば自由を！』。するとブラントが応じた。『ああ、そうだ。奴隷になるくらいなら、自由なまま死ぬほうがいい』。

「それまで黙っていたティッドが、次に処刑台へと呼ばれた。彼はみなと握手をしたが、デイヴィッドソンとはしなかった。デイヴィッドソンだけほかの者と離れていたのだ。ティッドは処刑台へ通じる階段に向かって走り出した。急ぐあまり、一番下の段に足を取られてつまずいた。だがすぐにバランスを取り戻し、処刑台に飛び出すと、たちまち群衆から万歳三唱で迎えられ、彼もその声援に少しだけ加わろうとした。そしてロープを首にかけられながら、死刑執行人に向かってこう言った。結び目は左側じゃなくて右にしたほうがいい。変えれば死ぬ時の痛みが減るらしい。彼はそれから死刑執行人の手助けまでした。ロープが首にぴったりするよう、首を数回回したのだ。彼もまた、キャップで目を覆わないでほしいと頼んだが、それ以上は何も言わなかった。彼も手にオレンジを持っていて、盛んに口にしていた。だがすぐに、まったく穏やかな様子になり、最期の瞬間までずっとそうだった。

「次がイングスで、彼も台へ向かって走り、台の上にジャンプして出てくると、狂ったように飛び跳ねた。それから、スミスフィールドのほうへくるっと向きを変え、まもなく自分の切られた遺体が入るはずの棺桶のほうを向いてから、縛られた手を精一杯上げ、猛烈な力を出して前かがみになると、群衆に向かって大声で、聞いたことのないような万歳三唱をした。恐ろしく耳障りなしわがれ声だった。

「デイヴィッドソンはしっかりとした足取りで台の上に歩いて来たが、あの礼儀正しい謙虚さもまったくそのままだった。それが習い性になっているのだ。彼は群衆におじぎをすると、すぐにコットン師と一緒に祈り始めた。

「最後にブラントが処刑台へ呼び出された。彼は猛烈な勢いで台に駆け出た。彼に声援を送る人々もいて、彼が満足そうに喜んでいるのがはっきりわかった。彼は笑顔を見せ、死ぬまで笑顔だった。ロープを調整しているあいだ、彼はセント・セパルカー教会のほうを見ていたが、知り合いを見つけたか、見つけたふりをしたのか、何度かうなずき、それから、棺桶のほうに首をちょっと傾けた。この恐ろしい展示をばかにしているかのようだった。彼は最後まで同じように、わけのわからない不真面目な振る舞いをしていた。彼が最後にした行為は、手に持っている紙に鼻を近づけ、はさんでおいた嗅ぎタバコを一服吸うことだった。それに、はいている靴を放り投げた。

「今や死刑執行人は、ロープを調整し、この不運な男たちのキャップを引き下ろして顔にかぶせていた。彼がイングスのところに行くと、その不運な男は言った。『さあ、ご老人、きちんと終わらせてくれよ。ハンカチを目のとこできつく結んでくれ。ロープももっときつく。外れるかもしれないぞ』。ティッドは首をつられる直前まで、まるで祈りを唱えているかのように唇を動かしていた。デイヴィッドソンはだれよりも熱心に祈っていた。

「死刑執行人はその恐ろしい職務のあれやこれやを終え、はしごを下りた。処刑台の上にはコットン師だけが残っていた。コットン師はデイヴィッドソンに一番近いところに立って、多くの不運な男たちが最後に耳にしてきたあの恐ろしい言葉を読み上げ始めた。と、不意に床が抜け、群衆は死の苦しみを思い切り見せつけられた。シスルウッドは数分間わずかにもがいていた。イングスのもがきようはすごかった。死刑執行人の助手たちが彼の足を全力で引っ張ったが、それでも、体のどの部分も激しく力が入っているのを見ると、魂が生まれた場所から離れるのをためらっているのがわかった。だが五分ほどたつと、まったく動かなくなった。

「首をつってからきっかり三〇分後、遺体を下ろすようにという命令が出た。死刑執行人はただちに処刑台に上がり、死刑囚たちの足を引っ張り上げ、まだロープをつけたまま、足をルドゲート・ヒルに向けて座った姿勢にして死人たちを並べた。これが終わると、落とし戸がまた持ち上がり、台の床は元どおりになった。次に死刑執行人は、シスルウッドのロープを切って下ろし、助手の手を借りて遺体を持ち上げ、ひとつ目の棺桶に入れた。遺体は仰向けで、首が断頭台の端に載っていた。それからロープを外し、顔からキャップを取った。

「息を引き取る間際の痙攣のせいで、その顔は紫色になっていた。血の気がないぞっとするような顔だったが、ひどくゆがんでいたわけではなかった。処刑台には斧が置かれていたが、それは使わなかった。ロープを外し、コートとチョッキを引き下ろして首をあらわにすると、黒い覆面で顔を完全に隠した男が処刑台に上がった。その男は、覆面の上から色物のハンカチを巻き、覆面が半ば隠れるほど帽子を深くかぶり、青いジャケットとダークグレーのズボンを身に着け、手には、外科医が切断手術の時に使うものに似た小さなナイフを持っていた。そして、棺桶へ向かうと、その首を胴体から切り離した。

「シスルウッドののど首にナイフが当てられるのを見て、群衆は叫び声を上げた。恐怖と非難がないまぜになったような叫びだった。そんな群衆の騒ぎに、覆面の男は一瞬狼狽したように見えたが、全体として、彼は鮮やかに仕事をこなし、待機していた死刑執行人助手に首を渡すと、すばやく下がって行った。その姿を追うように、群衆がホーホーと野次を飛ばした。

「死刑執行人助手は首の額の髪をつかんで、処刑台のニューゲイト・ストリート側から首を群衆に見せた。そして、処刑台の上にいる立会人の指示を受け、死刑執行人が大声でこう言った。『これが、反逆者、アーサー・シスルウッドの首である！』。こうして身の毛のよだつものを見せつけられ、観衆はぞくぞくする感覚を覚えた。またも群衆のなかから、シーッシーッ、ホーホーと一段と激しい野次が上がった。

「同じ儀式が、処刑台の正面とルドゲート・ストリート側でも繰り返された。それから、首を棺桶の足元側に置いた。胴体のほうは、先ほど首を断頭台にのせるために持ち上げてあったので、今度は引きずって下ろし、それがすむと、首を棺桶の上側の、空けてある正しい位置に置き直した。

「その後、絞首刑執行人が断頭台を動かし、ふたつ目の棺桶の頭のところに断頭台を置いて、同じ儀式がティッドにも行われた。処刑は一時間と八分かかった。シスルウッドが処刑へ通じる階段を上がって行ったのは七時四五分で、ブラントの首が棺桶に入れられたのは九時の七分前だった。

「断頭の儀式を行った覆面の男は、デスパード一味の首を切った者と同一人物だそうだ。しかしながら、これは疑わしいと思う。彼の俊敏で軽快な動きからして、彼は若いと思った。あの作業の仕方を見ると、明らかに彼は外科医だ。あの恐ろしい任務をしているとき、最初のナイフの刃がシスルウッドの脊椎骨に当たって鈍くなったので、彼は心底ぞっとするような仕事をやり終えるために、あと二本ナイフが必要になった。

「その夜遅く、ニューゲイトの看守が処刑された男たちの妻へ、夫の遺体が埋葬されたことを知らせた。午後、監房に通じる地下の通路に沿って溝が掘られ、午後七時ごろ、棺桶に生石灰を詰めてから、そのふたを固く閉め、そうした棺桶を一列に並べ、上から土をまき、最後に石をかぶせたのだ。もちろん、彼らの最期の痕跡がこの先公開されることはない。彼らの不運な妻にこうした状況を伝えたところ、彼女たちは心の痛みに完全に打ちのめされた」。

†絞首刑と斬首刑の終わり

イギリスでの絞首刑と斬首刑は、これから数か月後にスコットランドで行われた処刑が記録上最後になった。一八二〇年の反乱に関与したとして、二二人の男が大逆罪で死刑判決を受けたのだ。この反乱というのは、フォルカーク近郊のキャロン製鉄所で、労働条件の改善、男性の普通選挙権、スコットランド議会設置を求め、製鉄所とその資材を占拠しようとしたものだった。反乱の参加者はボニーミュアの戦いで逮捕され、リーダーのふたり、アンドルー・ハーディとジョン・ベアードが、九月八日にスターリングで絞首台に上がった。処刑台の上で、ハーディは観衆にこう言った。「私は真実と正義のために殉教する」。三〇分間首をつられたあと、ふたりの遺体は棺桶に落とされた。首がふちに当たって切り取られるようになっていた。その首は、それから群衆に向けて掲げられた。この残虐な儀式で当局は十分満足し、残る二〇人の共謀者については、処刑延期になって、オーストラリアの流刑植民地への移送に変更された。とはいえ、首つり・内臓えぐり・四つ裂きの刑は、法令上ではその後しばらく大逆罪に対する刑罰として残り、一八七〇年の「没収法」で廃止された。

†ヨーロッパ大陸の四つ裂き

大陸側の欧州では、馬を使って生きたまま四つ裂きにするという処刑がよく行われた。手足をそれぞれ別の馬に結びつけ、馬を四方へ走らせるのだ。六世紀の年代記作家、トゥールのグレゴリウスによると、王妃ブルンヒルドは四頭の馬の尾に手足を結びつけられ、その馬がむちを入れられて王妃を引き裂いたという。また、フランク族の女性二〇〇人が、この方法でゲルマン系のテューリンゲン族に殺されたそうだ。

一六一〇年五月一四日、フランスのアンリ四世が狂信的なカトリック教徒のフランソワ・ラヴァイヤックに暗殺された。共犯者の名前を自白させようと、当局はラヴァイヤックを「ブロドキン」（ブーツ）という拷問方法で責めた。ひざから足先までに拷問具をはめ、脚と拷問具の間にくさびを差しこむ。すると、脚の肉が裂け、骨が砕け、激しい痛みにさいなまれる。しまいにラヴァイヤックは気を失い、気つけのワインを飲まされた。そして罪を白状し、悪魔にそそのかされたのだと言ったが、あくまで単独犯だとも言い張った。結局、彼は恐ろしい方法で処刑されることになった。

一六一〇年五月二七日の午後三時、ラヴァイヤックが監獄から運ばれてきた。シャツだけを着ており、片方の手首には、彼が国王を刺したナイフが鎖で取りつけられ、もう片方の手には火のついたたいまつを持っていた。そして、告解の秘跡を行いに死刑囚護送用の荷車で教会へ向かった。荷車には聖職者ふたりも同乗していて、この時になってもまだ、共犯者の名前を白状するよう彼を説得しようとしていた。彼が連れられて行ったのはグレーヴ広場で、目撃者によると、

「彼の死、世界中に知られた恐怖の一例、いかなる暴力的な反逆者にも同様のたくらみを考え直させる恐怖の一例は、以下のとおり。まず処刑台に上がると、彼は胸でじかに十字を切った。彼が生きている時も死ぬ時も強情な教皇派ではなかったというしるしだ。それから彼は、死刑執行

人の手で、木と鉄でできた拷問台に縛りつけられた。聖アンデレ十字のような形をしていた。まず胴体、次に王を殺したナイフが鎖で取りつけられた手、その腕の半ばまで、という順で、彼は炉の焦熱にさらされた。火と硫黄にあぶられ、ナイフ、右手、その先の腕の半分がむごたらしく焼き尽くされたが、彼は何も白状せず、悪魔のような、地獄で責めさいなまれている魂のような、ひどく恐ろしい叫び声を上げた。『おお、神よ！』。そして何度も『イエスさま、マリアさま』と繰り返した。もし地獄の責め苦が地上であるなら、それはこの男の罰が示すようなものに違いない。彼は一〇回以上やられても仕方ないが、彼の苦しみをどうしても気の毒に思ってしまうのが人情というものだ。

「この後、この任務に命じられた死刑執行人が、同じ炉で真っ赤に焼いた火ばしとやっとこを手に、彼の乳首、腕とももの筋肉、ふくらはぎなどの生身の肉をはさんで焼き、肉を丸く切り取って、それを彼の目の前で焼いた。その後、こうしてつけられた傷に、煮えたぎった油、松ヤニ、ピッチ、硫黄を混ぜ合わせたものを注いだが、彼は何も明かさず、自分は悪魔にそそのかされた、それは王が自分の王国でふたつの宗教を許したからだ、とだけ言った。(中略)

「死刑執行人は彼の胃のところに粘土の輪を置いた。非常に硬い輪で、真ん中の穴に溶かした鉛を一杯に注いだが、彼は何も明かさず、ぞっとするような叫び声を上げた。僭主ファラリスのブロンズの雄牛で責められて死にかけている男のようだった。

「そして、彼の命にとどめを刺す時が来た今、最後の責め苦も最初の拷問と同じように過酷なものになるよう、四頭の強靭な馬が連れてこられた。彼の体をばらばらに引き裂き、手足を四つに切断するためだ。最後の罰を受けるに当たり、彼は再び真実を明かすよう審問されたが、彼は明かそうとせず死んだ。神という一言を語ることもなく、自分の魂が危ういことを思い出すこともなかった。

「しかし、彼の肉と関節は非常に強く接合していたので、その四頭の馬はなかなか彼をばらばらにできず、関節ひとつ外すこともどうしてもできないまま、あげく、一頭の馬が気を失ってしまった。それを見たパリ市のある商人が、自分の馬を差し出した。並外れて強い馬だったが、そうしたにもかかわらず結局、死刑執行人は彼の腕ともものの下の肉を鋭いカミソリで切らざるをえなかった。そうするほうが、体をばらばらに引き裂きやすくなる。

「しかし、そのとおりになったとたん、群衆の怒りが爆発し、群衆は死刑執行人の手からばらばらになった遺体を奪い取ると、地面にたたきつけて打ち砕いたり、ナイフで切り刻んだりしたので、残ったのは骨だけになってしまった。その骨は、処刑が始まった場所に集められ、灰になるまで焼かれた。その灰は風に吹かれて飛び散った。彼は地に埋葬される資格がないと見なされたからだ。

「彼の一切の動産も、国王が没収すると宣告された。また、彼を引き裂こうとして地面に倒れた馬についても、馬の持ち主は事前に補償されていた旨が告知されたほか、以後、その場所にいかなる建物も建ててはならぬこと、そして、彼の両親は一五日以内に、アングーレム市でラッパの音と公告によって王国から追放され、二度と戻ることを禁じられるが、万一戻れば、法の手続きを一切経ずに絞首刑と絞殺刑に処せられること、なども命じられた。さらには、彼の兄弟姉妹、おじなども、今後はラヴァイヤックという名前を用いることを禁じられ、ほかの名前に変えるように、従わなければ前述同様の刑罰を受ける、と命じられた」。

このほかにも、同じように陰惨な光景を目撃して記録にとどめた年代記作家がいるが、こちらのほうはエロティックなニュアンスが少々気になる。それによると、処刑台に引き出された男は、まず服を脱ぐよう命じられ、下着も脱げと命じ、下着だけは許してほしいと懇願した。だが、その場に大勢の女性がいたので、死刑執行人は下着も脱げと命じ、囚人は嫌々ながら従った。まるでこれが最悪の罰であるかのようだった。すると、女たちから称賛の大きなどよめきが上がり、男たちはホーホーと野次を飛ばした。その囚人が格別に立派な体をしていたからだ。

囚人は手足を縛られ、首にロープをかけられ、高く持ち上げられた。そして、そのまま長いことぶら下げられ、彼が死んでしまわないようにと立ち会いの外科医がじっと見つめるなか、彼の命はゆっくりと削られて行った。ついに彼の目玉が飛び出て、舌がだらりと垂れてくると、彼はロープを切って下ろされ、処刑台に置かれた木製の拷問台に寝かされ、硬いロープで打ちすえられた。それから、死刑執行人が囚人の腹を切り開き、その助手が内臓を取り出した。次に、その内臓を焼くための火鉢が持ちこまれ、死刑執行人の助手が囚人の首を火鉢の方向へ回して、焼ける様子を囚人に無理やり見せた。

死刑囚はもがき苦しみ、叫び声を上げて慈悲を請うた。その光景には、特に女性が熱心に見入っていたようだった。窓から見下ろしたり、もっとよく見ようと首を伸ばしたりして、その男の性器を切り取るようにと死刑執行人をせき立てた。死刑執行人が男の性器を高く掲げると、女たちは大きな喝采を送り、男たちはあざけりの声を上げた。その後、その性器も火鉢へ投げこまれた。

囚人はこれまでに大量の出血をしていたが、それから地面に下ろされ、手足をそれぞれ別の馬に縛りつけられた。そして、それぞれの馬が別々の方向へ動き、男は手足をぴんと引っ張られて横たわる形になった。馬にむちが入り、男を引っ張り始めたが、男の骨が音を立てて裂け始めるまでに三〇分ほどかかった。ついに二本の腕がもぎ取れ、残る二頭の馬も、血まみれの脚を引きずりながら疾走して行った。

胴体はまだ群衆の真ん中でぴくぴく動いていた。この年代記作家によると、死刑執行人はそのとき「少しだけ慈悲を持っていた」という。彼はナイフを取り出し、囚人の胸を切り開いて、まだ脈打っている心臓を抜き出した。その心臓は「彼の手のなかでも少し動いているように見えた。川で釣った死にかけの魚のようだった」。この心臓も、群衆に見えるように高く掲げられてから、火鉢に放りこまれた。残った遺体は串刺しになり、街中のあちこちでさらされた。

†ロベール＝フランソワ・ダミアン

フランスでもっとも有名な四つ裂き刑と言えば、ルイ一五世を暗殺しようとしたロベール＝フランソワ・ダミアンの処刑だ。一七五七年一月五日、ダミアンは、ヴェルサイユで馬車に乗ろうとしていた国王を刺した。国王は冬用の分厚いコートを着ていたので、軽傷を負っただけだったが、ダミアンは逮捕され、ラヴァイヤックと同じ独房に収監された。この囚人は革ひもでぐるぐる巻きにされ、左手だけが食事を取れるよう自由になっていたが、その食事は毎回、裁判長自身が毒味していた。万が一、ダミアンの共犯者がダミアンを苦しませずに死なせようと、ひそかに毒を盛っていたらいけないからだった。当時ダミアンは、国王殺害をもくろむイエズス会の陰謀に加担したのではと思われていたのだ。だが、真っ赤に焼けた火ばしで拷問しても、ダミアンは何らかの陰謀を詳しく白状したりはせず、精神が錯乱していることが明らかになった。それでも、彼はラヴァイヤックと同じ恐ろしい運命をたどった。

死刑執行人のジャン＝バティスト・サンソンは、そんな残酷なことは好きではなかった。彼のひ孫でサンソン家の回想録を書いたアンリ＝クレマンによると、死刑囚を「ばらばらにしなければならないと聞いて、彼は悲しみに気も狂わんばかりになった」という。それでも、彼は一七歳の息子シャルル＝アンリに馬を四頭買いに行かせた。ところが、処刑の日まで間もなくというとき、ジャン＝バティストは病に倒れ、半身不随になってしまったので、彼の弟のニコラ・ガブリエル・サンソンが彼の代理を務めることになった。

グレーヴ広場に処刑台が設けられたあと、サンソンはダミアンが収監されている監獄へ行った。アンリ＝クレマン・サンソンによると、「ダミアンが連れられてきた。彼は革袋に肩の上まですっぽり入れられ、頭だけが袋から出ていた。彼はこの拘束服のようなものから引っ張りだされ、ひざまずくよう言われた」。

それから、このような判決文が読み上げられた。

フランスの国王ルイ15世。彼を暗殺しようとして未遂に終わったダミアンは、むごたらしく処刑された。

「法廷は、ロベール＝フランソワ・ダミアンが、神に対しても人に対しても、大逆罪について十分に有罪であると宣告する。なぜなら、非常に邪悪で、非常に恐ろしく、非常に嫌悪すべき主君殺しの罪が、国王の身体に対して犯された。それゆえ当該のダミアンは、パリの教会の正門の前において、その犯罪を償うよう申し渡す。彼をそこへ連行するにあたっては、放下車に裸で乗せ、彼重さ二ポンド（約九〇〇グラム）のロウソクに火をつけて持たせること。そこに着いたならば、彼をひざまずかせ、彼が非常に卑劣で、非常に恐ろしく、非常に恐れ多い主君殺しを犯したこと、彼が国王の右脇腹に傷を負わせたこと、そのために彼が後悔し、神と国王と正義の許しを請うていることを、はっきりと彼に告白させること。これがなされたならば、彼を同じ放下車でグレーヴ広場へ連行し、処刑台に上げること。その後、彼の胸、腕、もも、脚に責め苦を与えること。彼が前述の主君殺しの罪を犯したナイフを彼の右手に持たせ、そのまま右手を焼くこと。彼の体の責め苦を与えた部分に、溶かした鉛、煮えたぎった油、燃えているピッチ、溶かしたロウ、そして硫黄を注ぎかけること。その後、四頭の馬で彼を引き裂き、彼の手足をもぎ取ること。その四肢を火に投じ、その灰をまくこと。彼の所持品、家具、家はすべて、それらがどこにあろうと没収し、国王に与えること。処刑に先立ち、当該のダミアンを通常および特別尋問にかけ、共犯者の氏名を言わせること」。

ダミアンの顔は「ロウのように黄ばんで」いた。立ち上がるから助けてくれ、と彼は、サンソンに同行していた兵士に頼んだ。拷問で受けた傷がまだ治っていなかったのだ。サンソンはダミアンの肩に手を置いて慰めた。ダミアンは食べ物とワインを与えられたが、ワインの入ったグラスを受け取っただけで、それすら、どうしても飲めなかった。

「彼は一種の発作に襲われたのだ。私も仕事を始めたばかりのころに数多く見たことがあるのだが、もっとも勇気があって冷静な囚人でさえ、首の筋肉が激しくひきつって飲めなくなった。そういう発作だ」とアンリ＝クレマンは言う。

「それから、ダミアンは拷問部屋へ連れて行かれた。（中略）死刑執行人が進み出て、高等法院の審問官が囚人の脚に『ブーツ』をはめ、いつもよりきつくコードを引いた。その痛みは耐えがたいものだったにちがいない。ダミアンは甲高い悲鳴を上げた。顔が土気色になり、頭ががくりと後ろに倒れ、ほとんど気を失った。外科医が彼に近寄って脈を調べ、この発作は深刻ではない、と断言した。ダミアンは目を開け、飲み物を求めた。そこで、水の入ったコップを与えたが、彼はワインをもらえないかと頼み、もう力が出ない、と途切れ途切れの声で言った。シャルル＝アンリ・サンソンが手を貸して、グラスを彼の口元まで運んでやった。そうして飲み終えると、彼は深いため息をつき、目を閉じて、つぶやくように祈りを唱えた。また拷問が始まった。それから二時間と一五分、不運なダミアンはこれ以上ないほど激しい責め苦に耐えた。八度目の『ブロドキン』（ブーツ）の時、彼はもう耐えられない、と外科医が言った。（中略）だがダミアンは、彼のためのとっておきの責め苦に少しだけ耐えた」。

サンソンが調べてみたところ、拷問の方法も令状に略述されたように責めさいなんで死なせること

も、ほぼ一五〇年ぶりに行われるものだった。彼は古い文書に当たり、ようやくラヴァイヤックの処刑について書いたものを見つけた。ニコラ・ガブリエル・サンソンも兄と同様に、そんな苦痛を与えねばならないと思うと気分が悪くなったが、どうにかスービーズという名の拷問人を見つけ出した。彼はラヴァイヤックの処刑を行った死刑執行人の子孫で、焼いたやっとこを使う名人でもあり、「令状に略述された恐ろしい行為すべてをダミアンに与え続けた」。

シャルル＝アンリ・サンソンと助手が囚人のところにいるあいだ、ニコラ・ガブリエルはグレーヴ広場へ行き、処刑の準備がすべて整っているか確かめた。ところが、飲んだくれのスービーズが必要な鉛と硫黄とロウと松ヤニを買い忘れていた。それに、拷問の道具を熱する火をたくために必要な薪

フランスの国王ルイ15世の暗殺未遂犯、ロベール
＝フランソワ・ダミアンの四つ裂き刑。

も湿っていた。この不手際に、パリの民事代官はニコラ・ガブリエルを叱責し、甥のシャルル＝アンリを呼びつけた。シャルル＝アンリは急いで助手を使いに出し、スービーズが買い忘れたものを買いに行かせた。ところが、それらの品物を何に使うのか知っていた店主たちが、みな売るのを嫌がったので、結局、売らなけりゃあ、ただじゃおかないぞ、とばかりに脅迫までして売ってもらった。

こうして、どれもこれも非常に時間がかかってしまったので、ダミアンがようやく到着したときも、準備が整うまで処刑台の階段に座っているよう命じられただけだった。それどころか、時間をつぶすために、市庁舎巡りに連れて行かれた。そこで最後に彼は、自分がどうなるかまったく知らない妻と子供たちのことを頼む、と市の役人たちに訴えて、処刑台へ戻った。

「焼けた石炭で硫黄を燃やしているチェーフェング・ディッシュからは、刺激臭のある蒸気がもうもうと立ち上って、あたり一面に漂っていた。ダミアンは咳きこんだ。助手が彼を台にしっかりと縛りつけているあいだ、彼は拷問の後に自分の脚を見ていたときの顔と同じような悲しげな表情を浮かべて、自分の右手をじっと見ていた。彼の腕は、手首が台の端から出るよう、鉄の棒に結わえてあった。ガブリエル・サンソンがチェーフェング・ディッシュを運んできた。その青い炎がダミアンの肌に触れると、彼はすさまじい悲鳴を上げ、縄を外そうともがいた。だが、最初の激痛が全身を貫いてしまうと、彼は頭を持ち上げ、自分の手が燃えるのを見つめた。彼がどう感じているのか、示すものはただ歯ぎしりだけだった。この処刑の第一段階は三分間続いた」。

問題はこれからだった。

「シャルル＝アンリ・サンソンは、叔父の持つチェーフェング・ディッシュがぶるぶる震えているのに気づいた。叔父の顔は、目の前の死刑囚と変わらぬほど死人のように蒼白で、手も足も震えていた。その様子を見たシャルル＝アンリは、次の、真っ赤に焼けたやっとこを使って焼く罰は、叔父には無理だと思った。そこで彼は、一〇〇リーヴル出すからやってくれ、と従者のひとりに言って、この恐ろしい仕事を任せた。その男、アンドレ・レグリは承諾した。処刑が再開された。あの残忍極まる判決文の条項が、ひとつひとつ字句どおりに執行され、四頭の馬が体をばらばらにし、ダミアンの遺体は火刑用の薪の山に投げこまれた。この時気づいたのだが、グレーヴに連行されてきたときにブラウンだった彼の髪は、真っ白に変わっていた」。

ちなみに、アンリ＝クレマン・サンソンの一族の回想録は、この英語訳版では「胸の悪くなるような詳細」の大半が削除されている。とはいえ、ほかの記録によると、レグリは喜々として真っ赤に焼けたやっとこを火のなかから引っ張り出したようだ。レグリはダミアンの叫び声も意に介さず、その胸と手足を引き裂こうとした。それから、溶けた鉛、ふつふつと沸き立つピッチ、熱いロウ、油、松ヤニを傷口に注ぎかけた。こうした残虐行為がすべて行われてから、ようやく本物の処刑が始まった。

群衆が後方へ押し戻された。ダミアンは処刑台から下ろされ、地面に寝かされた。ずたずたに傷ついた彼の手足にロープが結びつけられると、彼はまた叫び声を上げ始めた。「ロープが結びつけられると、四頭の頑丈で元気な若い馬にむちが入った」と目撃者は書いている。ところが残念ながら、その四頭はチームで動くよう訓練したものではなかったので、引っ張る動きがばらばらだった。

「馬たちは一時間以上も繰り返し引っ張り続けたが、彼の手足を引きちぎるまでにはいかず、彼の関節が長く伸びただけだった。これはたぶん、馬が若くて強かったせいだろう。その結果、御者の言うことを聞かずに勝手に動くので、協力して引っ張れなかったのだ。太い腱を切らなければ、手足をもぎ取る刑を執行することは、不可能とまでは言えないにしても難しい、と待機していた内科医と外科医が当局に忠告した。

「もう夕方で、暗くなる前に処刑を終わらせたかったので、そうすることになった。死刑執行人が鋭いナイフで腱を切った。腱を切ってしまうと、馬がまた引っ張り始めた。数回引っ張ったところで、一本の足と一本の腕が胴体からもぎ取れた。ダミアンはちぎれた手足を見ていた。残りの足が引き抜かれた後も、彼はまだ意識があったし、残りの腕がちぎり取られたときも、彼は死んではいなかった。

「彼に生きているしるしが見られなくなると、その胴体とちぎり取れた手足は、すでに用意してあった薪の炎のなかへ放りこまれた。薪の山は朝の七時まで燃え続けた。その後、死刑執行令状に従い、彼の灰は風に吹かれて飛び散った」。

アンリ＝クレマン・サンソンによると、「ダミアンの処刑が恐ろしすぎる記憶となったので、ガブリエル・サンソンは死刑執行人の職をやめた。甥に職を譲って、その代わり年に二四〇〇リーヴルの年金をもらうことにした」。

当時、ヴェネツィアの放蕩者ジャコモ・カサノヴァもパリにいて、処刑場を見下ろせる窓を六〇〇

名高いイタリアの色男、ジャコモ・カサノヴァ。彼もパリでダミアンの処刑を目撃した。カサノヴァ自身もイングランドの法律に触れたことがある。ここに描かれているのは、彼が債務不履行のためニューゲイト監獄に収監されるところ。

フランで確保した。処刑見物は友人の貴婦人四人も一緒だったが、そこで目にしたものに衝撃を受けたという。「ダミアンは狂信者で、自分では善いことをしていると信じこんでルイ一五世を殺そうとした」と彼は回想録に書いている。「彼は王の肌を軽く刺しただけだが、それでも同じことだ。彼の処刑を見に集まった民衆は、彼は『もっとも立派な』王を暗殺するために地獄から吐き出された怪物だと言っていた。人々にしてみれば、自分たちが深く敬愛する王であり、『最愛王』と呼ぶようになった王なのだ。だが、この同じ人々が、フランスの王族や貴族を皆殺しにしたばかりか、フランスという国に魅力を与えた人々をすべて虐殺した。その魅力ゆえに、フランスは諸外国から尊敬され、愛され、手本ともなったのに」。

一七七四年にルイ一五世が亡くなったときには、彼はみなから軽蔑されていた。この嫌悪感の代償として、息子のルイ一六世が一七九二年、フランス革命の犠牲者のひとりとなって首を差し出すことになる。「私はあの恐ろしい光景を四時間も見つめていた」とカサノヴァは言う。「しかし、顔をそらし目を閉じずにはいられぬことが何度かあった。彼の体が半分に引き裂かれ、耳をつんざくような彼の悲鳴が聞こえてきたからだ」。

そんな責め苦の光景から視線をそらしながら、カサノヴァは、一緒に見物している女性たちが目をそらさないことに気づいた。しかも、女性たちがあまりに夢中になって見ているので、友人のエドアルド・チレッタ伯爵は、窓から身を乗り出している「XXX夫人」のドレスを持ち上げ、彼女の気づかぬうちに彼女とコトに及ぼうとしていた。「友の冒険を邪魔することもできず、XXX夫人に恥ずかしい思いをさせるわけにもいかないと思い、私は私の愛する人の後ろに立った」。彼女のほうはXXX夫人の姪だった。「それから衣ずれの音がまるまる二時間続いた」。

処刑が終わると、チレッタは何事もなかったかのようにふるまったが、姪の前できまりの悪い思いをしたXXX夫人は、「野蛮人のすることをじっと我慢していた」ふりをした。翌日、夫人はカサノヴァに、チレッタが「聞いたこともないやり方」で彼女を侮辱した、と訴えた。「昨日、あの怪物デミアンの処刑を見ながら、まるまる二時間、あの人は私の後ろにいるのをいいことに、とんでもなく変なことをしたんですのよ」。叱ってあげるからチレッタを連れて来て、と彼女はカサノヴァに頼んだ。朝になると、夫人はチレッタを許していた。

†国王殺害の未遂犯

国王を殺害しようとして未遂に終わった犯人をこんなふうに野蛮に扱ったのは、フランスだけではない。一三世紀イングランドの年代記作家マシュー・パリスによると、

「一二三八年、ヘンリー三世がウッドストックにいたとき、物知りの若い騎士見習いが宮廷にやって来た。彼は正気を失っているふりをし、王は退位しろ、と迫った。廷臣たちが彼を追い出そうとしたが、王は彼を宮廷にとどまらせるようにと言った。その夜、その男がナイフを手に戻って来て、王の寝室へ向かった。しかし、そこに王はいなかった。彼は王妃のところにいた。すると、マーガレット・ビセットという王妃の召使いが目を覚ました。彼女は信心深い乙女で、神の敬虔なしもべだった。彼女が急を告げ、男は捕まった。襲撃した男は、王を殺しに来たと白状した。これを聞いたヘンリーは、だれであれ王の命を取ろうとするなら、恐ろしい見せしめとして、馬で四肢を裂かれることにする、と決めた。その恐ろしい様子を見たら、だれであれそのような犯罪のたくらみを思いとどまるにちがいないからだ。その男は馬でばらばらに引き裂かれてから、首をはねられた。その胴体は三つに分けられ、それぞれがイングランドの大都市のひとつで引きずり回された。その後、彼の遺体は泥棒のさらし絞首台につるされた」。

第六章

火刑

聖書を開くと、火刑が正しい罰のひとつとして語られるところが数多くある。たとえば、『創世記』第三八章二四節には、「『あなたの嫁タマルは姦淫をし、しかも、姦淫によって身ごもりました』とユダに告げる者があったので、ユダは言った。『あの女を引きずり出して、焼き殺してしまえ』」とあり、『ヨハネによる福音書』一五章六節には、「わたしにつながっていない人がいれば、枝のように外に投げ捨てられて枯れる。そして、集められ、火に投げ入れられて焼かれてしまう」とある。（以上、日本聖書協会『新共同訳聖書』より訳文引用）

†ローマの円形闘技場で殉教したキリスト教徒

だが、キリスト教の殉教者もこの悲惨な死を迎えさせられた。四世紀にカエサレアのエウセビオスが書いた『パレスティナ殉教者列伝』には、皇帝マクシミヌスがアッピアヌスをこのむごい死刑に処したときのことが出てくる。アッピアヌスの両足を綿でくるんでから、綿に油をしみこませ、それに火をつけたという。

「この殉教者は非常に高い所につるされた。というのも、このような恐ろしい見世物であれば、彼の姿が見物人すべてに恐怖を与えるからだ。同時に、彼らは彼のわき腹を石工用のクシで裂いた。やがて、彼は全身が膨れ上がった肉の塊のようになり、顔つきも一変した。そして足は、激しい炎に長時間焼かれ続け、焼き尽くされた肉が溶けたロウのように落ちた。炎は骨の髄まで焼き尽くし、まるで乾燥したアシのようにしてしまった」。

磔刑を禁止したローマ皇帝コンスタンティヌスも、自由民の女性と情を通じた奴隷は、だれであれ生きたまま火あぶりに処す、と命じた。もちろん旧約聖書でも、姦通に対する罰としてもっとも多く命じているのは火刑だ。『レビ記』第二一章九節にはこうある。「祭司の娘が遊女となって、身を汚すならば、彼女は父を汚す者であるから、彼女を焼き殺さねばならない」。同書第二〇章一四節にも、次のように書かれている。「一人の女とその母親とを共にめとる者は、恥ずべきことをしたのであり、三者共に焼き殺される。あなたたちの中に恥ずべきことがあってはならない」。（以上、日本聖書協会『新共同訳聖書』より訳文引用）

†スペインの異端審問

異端の罪を罰する場合も、教会が選んだのは火刑だった。火あぶりなら、血が飛び散らずにすむからだ。一二三一年にローマ教皇グレゴリウス九世が制度を整備した異端審問は、主に北イタリアと南フランスで、野蛮な断罪が行われた。その後、同じく異端審問と呼ばれたけれども、別の機関がスペインに誕生した。こちらは、ムーア人をイベリア半島から追い出してアラゴン王国とカスティーリャ王国を統治したフェルナンドとイサベルが、教皇シクストゥス四世にスペイン独自の異端審問を行う許可を求め、その求めに応じて設置されたものだった。

ムーア人をイベリア半島から追い出している最中の時代から、アラゴンとカスティーリャの政権は、自分たちの権威が国土の隅々まで及ぶようにする方法を探っていた。そこで、教皇シクストゥス四世を説得して、一四七八年にスペイン独自の異端審問を行う許可を得たのだ。最初の「アウト・ダ・フェ」（異端公開処刑宣告）は、一四八一年にセビリアで行われた。この時、数百人が火あぶりになった。伝えられるところでは、その処刑のあまりの残酷さに、遅まきながら教皇自身がこれを禁じようとしたが、無駄だったという。王も女王も、スペイン異端審問が強力な政治ツールだとわかったので、異端審問を復活させ、独自の異端審問所長官（大審問官）としてドミニコ会修道士のトマス・デ・トルケマダを任命した。彼は一五年にわたってスペイン異端審問を指揮し、彼自身だけで二〇〇〇人以上を火刑に処した。

異端の逮捕はたいてい夜間に行われた。「アルグアシル」（異端審問の捕吏）がドアをノックし、もし抵抗されても無理やり押し入る。そして、容疑者に服を着るよう命じ、ただちに連行する。アルグアシルは音もなく仕事をするのを好んだ。そのため、金属の猿ぐつわを持ち歩き、だれかが叫び声を上げて隣近所に急を知らせようとしたら、その猿ぐつわで黙らせた。特に狙われたのは、ユダヤ教徒やイスラム教徒といったキリスト教徒でない人々だったが、最近になってキリスト教に改宗したばかりの者も安全ではなかった。

スペインの異端審問。「アウト・ダ・フェ」での「魔女」の火あぶり。トマス・デ・トルケマダがこの悪名高い機関のトップだった時代には日常茶飯事だった。

容疑者は宗教裁判所へ連行された。そこは、何もかもが容疑者を威嚇するように設計されていた。いわゆる「裁判」は暗い部屋で開かれ、異端審問官は黒いフードのついた白い修道服をまとって、黒いベルベットで包まれたテーブルに着く。そのテーブルの上には、十字架と聖書と六本のキャンドルが並ぶ。容疑者が白状しない場合には、「審問にかける」(つまり、拷問する)。最終的には、容疑は自白するか、さもなくば拷問部屋で命を落とした。

ただし、時には教会も慈悲をかけた。異端として有罪の判決を下されても、悔い改めて教会との和解を求めれば、命だけは助けてもらえることもあった。その場合、贖罪として、六週連続で金曜日に、半裸でむち打たれながら、地元の大聖堂へ向かって市中を行列しなくてはいけなかった。また、社会的地位を剝奪され、官職に就くことも、上等な衣服や宝石を身に着けることも禁じられた。さらに、財産の五分の一が、一回限りの「贖罪税」として教会に没収された。それでも、これですんだ人々は、自分を幸運だと考えることができた。和解に至ることができなかった異端者、つまり、異端に逆戻りした人や、異端審問で温情をかけてもらえなかった人は、「アウト・ダ・フェ」で公開の火刑に処せられた。

†アウト・ダ・フェ

「アウト・ダ・フェ」とは、ポルトガル語で「信仰のなせるわざ」という意味だ。スペイン語では「アウト・デ・フェ」となるが、歴史的な理由から、英語ではもっぱらポルトガル語の「アウト・ダ・フェ」を使う。この恐ろしい儀式は、日曜日や宗教上の祝祭日に行われた。なるべく多くの民衆が出席できるようにするためだ。「アウト」の前夜、異端者たちは集められて異端審問官の前に引き出され、

インドのゴアで行われた「アウト・ダ・フェ」。聖職者と受刑者の行列。受刑者のうち20人はこの直後、魂を救うという名目で火あぶりになった。

判決を言い渡された。有罪を宣告された者には、その魂を救うために、それぞれふたりずつ司祭がつく。罪人の運命は定まっているが、それでも、教会が彼らの魂を永遠の断罪から救うのが望ましいと考えられていたからだ。もし、最期の瞬間に、罪人が神と和解したと見なされれば、彼らは最期の苦しみを免れ、炎に包まれるまえに絞殺してもらえた。

異端の罪に問われた者は、「コラサ」という司教の冠に似た形の高い帽子をかぶり、「サンベニート」という黄色の粗布でできたひざ丈のゆったりしたチュニックを着なくてはならなかった。サンベニートは、普通は罪を悔いている者が悔悛のしるしに着るもので、もっと軽微な犯罪で有罪になった者が贖罪として、日曜日に所定の時間にわたってサンベニートを着るよう申し渡されたりした。通常なら、このチュニックには赤い十字が刺繍してあったが、アウト・ダ・フェで着るサンベニートは、まさにパリのグランギニョール劇場のホラー芝居をほうふつとさせるような、炎とピッチフォークを振り回す悪魔が描かれていた。その炎が下向きだったら、その異端審問は慈悲深いものだった。その罪人が悔い改めたので、絞殺ですませてやろうということだ。逆に、炎が上を向いていたら、その罪人は異端の信仰をかたくなに貫いているので、最悪の苦痛にさらされることになる。火あぶりだ。

翌朝の六時ごろ、被告たちはサンベニートを着て牢獄の外に並ばされた。一本のロープで首と両手を一緒に縛り上げてあった。そして、黒い飾りをつけた緑の十字架（異端審問のシンボル）を掲げた司祭たちを先頭に、行列が始まる。司祭に続くのは「アルグアシル」だ。この男たちは、容疑者を逮捕し、牢獄の罪人を訪ねて悔い改めを促すほか、異端審問官のボディガードの役目も担っていた。審問官がその地域社会で好かれる人物とは限らないからだ。その次に、聖なるホスチアを収めた聖体顕示台を掲げた司祭が続く。この司祭の頭上には、四人の男が掲げる緋色と金色の天蓋があり、この司祭が近

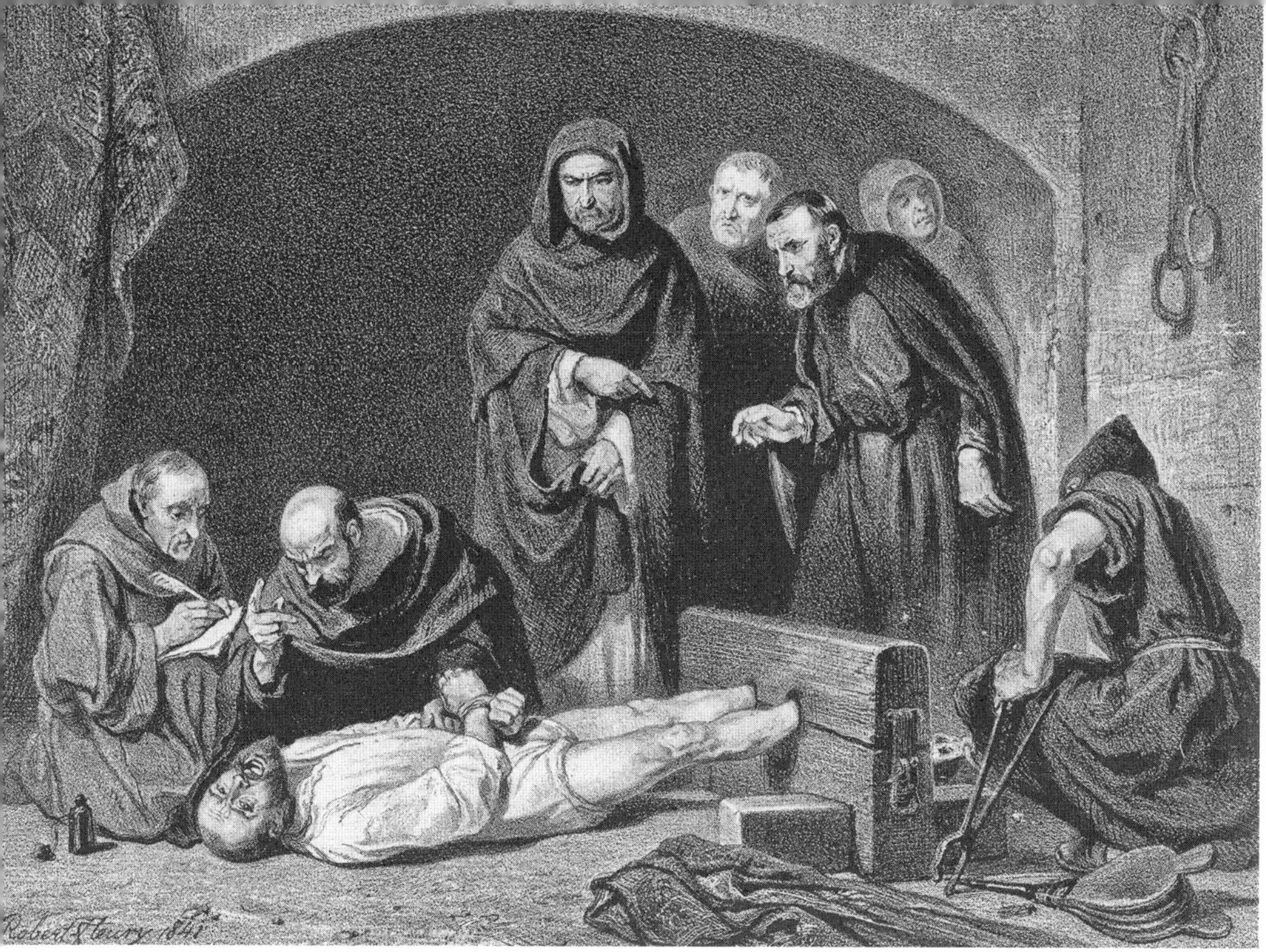

異端者を火あぶりにするまえに、まず異端審問によって異端の罪を告白させた。

づいてきたら、見物の群衆は、男も女も子供もひざまずかなければならなかった。もしひざまずかなかったら、異端者として目をつけられてしまう。

この司祭の後に、またアルグアシル、それから、もっと軽微な犯罪者が続く。その犯罪者のなかには拷問の跡がある者もいた。そして、有罪判決を受けた異端者。異端者の隣には、黒いフードの白い法衣を着たドミニコ会修道士が付き添う。この修道士は、行列が進むあいだもまだ罪人の魂を救おうとしていることが多かった。その次には、死後に異端の有罪判決を受け、罰として墓から掘り出された者の遺体、またその次に、異端審問を避けようとスペインから逃げた者の人形が行く。この人形は、罪人のしるしのコラサとサンベニートを着せられ、緑の棒に取りつけて運ばれる。

人形の次が、異端審問官だ。その両側に

は、かたや教皇の紋章にフェルナンドとイサベルの紋章を組み合わせた図柄の旗、かたや異端審問の紋章の旗が並ぶ。そして審問官の後ろに、またもアルグアシルとそのほかの下級役人が続く。また、こうした行列全体が、鉾槍を持った兵士に護衛されていたし、行列の後を追って、群衆が中央広場の大聖堂までついて行った。

広場では、罪人ひとりひとりに犯した罪のリストを読み上げ、次いで、血も凍るような恐ろしい説教を行った。一度に数百人もが裁判にかけられることも多く、これだけで一日かかるときもあった。罪人は黒いクレープの布でくるまれたベンチに座らされていたが、これらのベンチは壇に沿って置いてあったので、見物の群衆からも罪人がはっきりと見えた。たとえば、ユダヤ人のひげに火をつけるという、「新たなキリスト教徒のひげそり」と呼ばれた辱めも、珍しいことではなかった。この間ずっと罪人は、最後の最後まで自白を引き出そうとがんばる司祭や修道士に責め立てられ続けた。

一方、異端審問官は別の壇に座った。その周囲に、黒い飾りをつけた緑の十字架が置いてあり、賢明にも予防措置として、香をたいていた。普通、すぐ近くに墓から掘り出したばかりの遺体がかなり大量に置いてあったからだ。そして、ミサが行われ、もう一度説教をしてから、宗教裁判所長が立ち上がり、群衆に誓約をさせた。見物人もひざまずいて、こんなふうに誓わなくてはいけなかった。宗教裁判所を敵から守る。生きている間も死後も、宗教裁判所に忠実であり続ける。宗教裁判所に求められれば何でもする。たとえそれが目をえぐり出すことでも、手を切り落とすことでも。

ただしフェルナンドとイサベルは、この誓いの言葉を口にはしなかった。ふたりの後を継いだスペイン王たちも同様だったが、たったひとり例外もある。熱心なカトリックだったエキセントリックなフェリペ二世だ。ともあれ誓約の後、教会は罪人の手を洗う。教会から見れば、もはや罪人にしてやれることは、それしかなかった。ここで聖職者は罪人を世俗権力にゆだね、異端の罪に対する罰を執行してもらうのだ。そこで、再び罪が読み上げられる。今度は世俗当局による告発で、これに対し宗教裁判所長が、そらぞらしく減刑を公開嘆願し、血が飛び散ることのないようにしてもらいたいと求める。

もちろん、世俗の当局はこの見せかけの嘆願には耳を貸さない。その後、罪人は「ケマデロ」つまり火刑場に連れて行かれる。そこはたいていは広々とした野原で、火刑用の磔柱が立てられ、薪が山のように積み上げられていた。罪人はその柱に縛りつけられ、赦免が欲しいかと聞かれる。運が良け

トマス・デ・トルケマダ。スペインの異端審問を率いた禁欲主義の修道士で、異端の容疑者をだれかれかまわず異様に熱心に尋問した。

れば、薪に火がつくまえに鉄環絞首刑にしてもらえた。修道士が聖歌を歌い、群衆が歓声を上げるなか、異端審問官はこの世の邪悪にショックを受けたふりをする。そして、生身の焼けるにおいが辺り一面に漂う。

こういった冷酷な儀式を完成させ、無実の人々を何千人も殺したすえ、トルケマダは一四九八年に安らかに大往生した。まったくもって幸運な男だ。彼の存命中に、イスラム教徒がグラナダから追い出されたばかりか、彼の手による迫害が、一四九二年のユダヤ教徒追放につながった。当時、彼を「スペインの救国者」と呼ぶ人が多かったのは、彼がスペインを教皇の支配から解放したからだが、今思うと、彼に続く宗教裁判所長の多くが彼以上にひどかったことにぎょっとしてしまう。

スペインの異端審問は、その権威の最盛期にはスペイン、メキシコ、ペルーに一四か所の裁判所を置いていた。シチリアでも一五一七年に支所が設置されたが、ナポリとミラノにも置こうとした計画

「アウト・ダ・フェ」の最中。鮮やかな色の「サンベニート」を着た死刑囚が、火刑場「ケマデロ」に連れて行かれるところ。

は裏目に出た。一五二二年、神聖ローマ皇帝カール五世はプロテスタントを一掃しようと、オランダにもこの機関を取り入れた。だがナポレオンは、スペインを支配していた一八〇八年に、異端審問をやめさせようとした。異端審問がついに終焉を迎えたのは一八三四年で、最後にアウト・ダ・フェが行われたのは、一八五〇年のメキシコだった。異端審問でどれだけの犠牲者が出たのか、その推計は見解によって大きく異なるが、たぶん数十万人にのぼるだろう。わかっているのは、その大半が女性で、高齢の人もいたということだ。わずか一二、三歳の子供でも、両親が異端者だと断罪されて、一緒に火あぶりになることが多かった。一六五九年には、トレドで一〇歳の少女ふたりが炎に包まれた。

公開の火刑は「犯罪者」を罰するだけでなく、見物人をおびえさせるのにも役立った。中世の火刑の目撃者は、その光景をこんなふうに書いている。

「その男の皮と肉がゆっくりと骨からはがれ、ピンクとオレンジと生々しい赤のカーテンのようになって、炎の花綱に縁取られた足元へ落ちていき、白い骨が現れるのが見えた。その顔も、しだいに頭の骨とあごの骨から離れていくようだった。あごがだらりと垂れ、口がさまざまにゆがんでいたかと思うと、不意にだらりと伸びた鼻と一緒に、どろどろになってずるずると歯からずり落ち、その動いていく肉の膜の向こうに歯が見えた。次いで、額も落ちたが、その前に、目玉がだらりと飛び出したようだった。その目玉は潤んでいた。白に緑、白に青、白に茶色と、その人の目の色によっていろいろだが。最後に、溶けて膨れ上がった頭のてっぺんがはがれ落ち、軽くくすぶる髪の下に白い頭蓋骨が現れた。ほどなく、すっかり骨だけになった。黒く焼け焦げた骨に、こびりついた紫の肉のかけらがまだ垂れ下がっていた。何千もの見物人がこうした火あぶりを見守った。死ぬまでに四五分かかることもあった」。

†イングランドの異端者の火刑

イングランドでも、異端者や背教者が火あぶりになった。たとえば一二二二年のオックスフォードでは、キリスト教の助祭が、ユダヤ人女性と結婚するためにユダヤ教に改宗したとして有罪判決を受けた。当時は、ユダヤ人女性と暮らしていた男性は、「反自然的性交罪を犯した」かどで死刑になるのが普通だった。一四〇一年には、ヘンリー四世が異端法に署名して、異端を広めていると思われる

ホルバインによるヘンリー８世の肖像画。王の強い性格をとらえているが、気難しい人物だったこともよくわかる。

者を逮捕する権限を聖職者に与えた。ただし、自説を正式に取り消せば、投獄だけですんだ。あくまで自説を曲げないと、火あぶりの刑になった。この恐ろしい罰を最初に受けたのは、ウィリアム・サウターという司祭で、一四〇二年三月にリンのセント・ポールルズ・クロスで処刑された。

ヘンリー八世は、同じくらいぞっとする死刑を考え出すという不気味な才能を持っていた。三八年にわたる治世で、七万二〇〇〇人以上を処刑した（平均すると、毎日五人以上だ）が、とりわけリチャード・ルースという男には特に陰惨な最期を与えたいと考えた。この男は、ロチェスターの司教一族と教区の貧しい人々のために用意したスープの鍋に、毒を入れたとして有罪になっていた。

そこでヘンリー八世は、ルースを生きたまま釜ゆでにせよ、と命じる特別な法律を一五三〇年に制定した。マーガレット・デイヴィーという女性も、一五四二年のスミスフィールドで同じ恐ろしい運命を迎えた。また、死刑執行人が巨大な柄つきのフライパンを使うことも慣行になった。そのフライパンの上で、まるで肉を焼くように死刑囚の体をひっくり返すのだ。どちらの場合も、罪人の心臓が丈夫なら、すぐには死ねない。骨についた肉にあらかた火が通ってから、心臓や肺や脳が熱の影響を受ける。

ヘンリー八世の息子エドワード六世は、こうした野蛮な処刑にぞっとして、故意に毒を盛った場合も、謀殺という通常の重罪に格下げして絞首刑で罰することができるようにする法律を定めた。ただし、夫や子供を毒殺しようとした女性に限り、火刑に処せられることになった。とはいえ、彼の父親が定めた元の法律のほうも、一八六三年まで法令集に記載されていた。

当時はヘンリー八世自身も異端だと見なされていたが、それでも他人のこととなると、宗教を理由に喜々として糾弾した。ローマと断絶したあと、一五三三年に異端法を廃止したとはいえ、一五四二年の宗教法を制定している。この法律は、聖書や宗教書を英語に翻訳することを一切禁じるものだった。また、「なんびとも、前記の教義に反することを幕間狂言で演じたり、歌ったり、詩にしたりしてはならない」とも命じていた。これに違反した場合の罰は、初犯なら、正式に撤回すること、「二回目は、放棄の宣誓をして薪束を運ぶこと、三回目は、異端と宣告され、焼き殺され、一切の動産を失うこと」だった。「薪束を運ぶ」とは火あぶりの刑になるということだが、少なくとも財産の没収はなかった。この法律も、一五四七年にヘンリー八世が亡くなると廃止された。

†「ブラディ・メアリー」

ヘンリー八世の娘でカトリック信者だったメアリー一世は、二七四人以上のプロテスタントを火あぶりの刑にした。処刑は主にスミスフィールド地区で行われた。彼女は「ブラディ・メアリー」というあだ名で歴史に残るが、どちらかと言えば慈悲深いほうで、火刑を宣告された者がすぐに死ねるようにと、火薬を身に着けるのを認めていた。もっとも、いつも思いどおりに死ねるとは限らない。一五五五年のこと、ドクター・ジョン・フーパーというグロスターの主教が、七〇〇〇人の見物人の前で火あぶりになった。この出来事は、ヘンリー・ムーアの『ローマ教会の迫害の歴史とプロテスタント全殉教者列伝』に詳しく書かれている。

「処刑場は大きなニレの木の近くで、彼がいつも説教をしていた司祭のカレッジの真向かいだった。その付近も木の枝の上も、見物人であふれていた。フーパー主教はそれからひざまずいて祈りをささげた。祈りを終えると、主教自ら火刑の準備を始めた。ダブレットとタイツと胴着を脱ぎ、シャツ姿になると、それを両脚の間でくくり、そこに火薬一ポンドが入った袋を収めた。両脇の下にもそれぞれ同じ量の火薬を入れ、火刑柱へ向かった。そこへ鉄の輪が三つ運ばれてきた。ひとつは主教の腰のあたりで締めるため、もうひとつは首を固定するため、最後は足を留めるためだ。だが彼は、その金輪で縛られるのを嫌がって、こう言った。『心配することはありません。縛られていなくても、最期まで炎に耐えられるだけの力を神が与えてくださるはずです。それでも、肉はもろく弱いものだと思うと、神の力を確かに信じていますが、あなたがたが良いと思うとおりにするなら、それはそれで結構です』。それから、鉄の輪が司教の腰のまわりにはめられたが、輪が短すぎた。彼は肩をすくめ、片手で腹を押さえた。だが、彼らが首と足を縛りつけようとすると、主教は嫌がってこう言った。『大丈夫です。迷惑はかけません』。柱にくくりつけられてしまうと、主教は天を見上げ、両手を上げて黙禱をささげた。それから点火役の男が彼に近づき、主教に許しを請うた。その男に向かって主教は、許すも許さないもない、なぜなら、私に対してあなたは何の罪も犯してはいないのだから、と言った。『ですが（とその男は言った）、私が火をつける役目なのです』。『そのことなら』とフーパー主教は言った。『あなたが私を苦しめるわけではありません。神があなたの罪を許してくださいます。ですから、あなたの役目を果たしなさい。私はあなたのために祈りましょう』。それから、アシの束が投げ入れられた。主教はアシを二束手で受け止めると、両脇にはさんだ。ついに、点火の命令が下された。ところが、生乾きのアシ束が混じっていたせいで、アシ束から炎が上がるまでにいくらか時間がかかった。おまけに、その日は風向きが逆で、非常に寒い朝だった。炎が流れ、彼にほとんど触れなかった。すぐにまた、もっと強い火がつけられた。今度は、火薬の袋が爆発した。それでも、受難の主教の助けにはならない。すると彼は、大きな声で祈りをささげた。『主なるイエスさま、お慈悲を垂れたまえ。主なるイエスさま、お慈悲を垂れたまえ。主なるイエスさま、わが魂をお受けください』。これが主教が口にした最後の言葉だった。しかし、彼の顔が炎で真っ黒になり、彼の舌が物言えぬほど腫れ上がってからでさえ、彼の唇は、縮んで歯茎にへばりつくまで動いていたし、片腕が焼け落ちるまで、彼は両手で胸をこつこつとたたいていたばかりか、その後も、残った腕で、指の先から脂と水と血を垂らしながら、こつこつとたたき続けていた。やがて薪が補充され

イングランド女王メアリー1世。プロテスタントの迫害で有名になったので、「ブラディ・メアリー」というあだ名がついた。

て火の勢いが復活すると、ついに彼は力尽き、腰に巻かれた金輪に手がくっついた。その直後、彼の下半身が燃え尽き、取り巻いていた残忍な一団から恐ろしい叫び声と歓呼の声が上がるなか、彼は金輪に覆いかぶさるように倒れこんで、炎に飲みこまれた。この聖なる殉教は、四五分以上かかった。前にも後ろにも左右にも動けないまま、彼は言い表せないほどの激しい苦しみに、子羊として耐えた。下半身が燃え尽き、はらわたがこぼれ落ちてなお、息絶えるまでしばらくかかった。このように、地獄でもこれ以上残酷なことはありえないほどの方法で、かつてウースターの主教を務め、その後グロスターの主教を務めたドクター・ジョン・フーパー主教は命を奪われた」。

ムーアの『殉教者列伝』によると、フーパーの罰は軽いほうだったという。同じ年、ジョージ・マーシュという聖職者も火あぶりになったが、ムーアによると、「火の作り方が下手で、逆風だったので、彼は究極の責め苦に苦しんだ」。ムーアは火刑のことを「未開のアメリカン・インディアンが戦争捕虜に行ったものよりも野蛮な」ものだと言っているが、実のところ、火刑はヨーロッパ人のほうが新世界へ輸出した処刑方法だ。スペイン人がアメリカ大陸で行っている残虐行為を最初に暴露した人物、一六世紀の宣教師バルトロメ・デ・ラス・カサスは、次のように書いている。「かつて私は、主だったインディアン四、五人が生きたまま火で焼かれるのを見た。その哀れな犠牲者が恐ろしい悲鳴を上げ、指揮官の昼寝を邪魔したので、指揮官は彼らを絞め殺せと命じたが、見張りの将校（私は彼の名前を知っているし、セビリアにいる彼の親戚も知っている）はそんなことでは容赦せず、彼らに猿ぐつわをはめさせ、彼らが叫び声を出せないようにしてから、自分の手で火をかき立て、全員が絶命するまでゆっくりと焼いた。これは私が自分の目で見たことだ」。

†オックスフォードの殉教者

メアリーの治世でもっとも有名なプロテスタントの殉教者と言えば、たぶんヒュー・ラティマー主教とニコラス・リドリー主教だろう。ヘンリー八世の時代にも、ラティマーは説教のせいで二度投獄されたが、エドワードの時代になって、また引き立てられるようになった。ところが、メアリーが即位すると、ラティマーはまたもや君主からにらまれるようになってしまった。そして異端だと糾弾され、一五五五年一〇月一六日に、オックスフォードのベーリアル・カレッジの外で火あぶりの刑に処せられた。彼と一緒に、友人で同じくプロテスタントのニコラス・リドリー主教も処刑され

グロスターの主教ドクター・ジョン・フーパー。
1655年に異端の罪で火刑に処された。

d Mr. Latimer at OXFORD,
e time of their Suffering.

J. Trapp, Pater-Noster Row.

ラティマー主教とリドリー主教の死は、この先何百年も殉教と見なされることになる。

た。リドリーは一五三〇年、ケンブリッジ大学が次のような宣言を出すのに力を貸していた。「このイングランド王国においては、ローマの司教に神から与えられた権威と権限は、そのほかのいかなる外国の司教と何ら変わらない」。この宣言は、熱心なカトリックだったメアリーにはとうてい受け入れられるものではなかった。

ふたりとも立派に死を迎えたが、リドリーのほうは、炎に飲みこまれるまでしばらくかかり、なかなか死ねなかった。ラティマーの最期の言葉は、特に歴史に残っている。「リドリー師よ、男らしくありなさい。神の恩寵によって、我らは今日、イングランドにロウソクをともすことになるのです。その火が消えることはない、と私は信じます」。

イングランドで最後に行われた火刑は、一六一二年のバプテスト派牧師エドワード・ワイトマンの処刑だ。イングランド国教会が幼児の洗礼を行っていることを非難したためだった。信じられないことだが、彼は二度火あぶりになった。一度目は、炎が彼をなめたとたんに、彼が自説を撤回し、見物人に炎から引っ張り出された。彼を助けようとして重傷を負った見物人もいた。ところが、監獄へ戻された彼は、また考え直し、文書で正式に取り消すのを拒んだ。一か月後、彼はまた火刑場へ引き出され、今度は、彼がいくら取り消すと言っても無視された。

女性が大逆罪を犯した場合も、首つり・内臓えぐり・四つ裂きの刑の代わりに火刑になった。これについて、著名な法学者サー・ウィリアム・ブラックストンはこう説明している。「女性ゆえに慎み深くあらねばならないので、女性の体を露出し、公衆の面前で切り刻むことなどしてはならない。それゆえ、女性を処罰するときは、絞首台へ引き出してから、そこで火刑に処す」。もっともメアリー一世の時代は、女性も裸で処刑された。ただし、早く死ねるよう、火薬の袋を首にかけることが許されていた。

数々の非人道的な処罰で有名なジェフリーズ判事も、一六八五年のモンマスの反乱に加担した者をかくまったとして、レディ・アリス・リールに火刑を宣告した。だが、聖職者が介入してきて慈悲を請うたので、結局、寛大な処置が認められ、彼女は火刑ではなく斬首刑になった。

†小反逆罪

昔は、「コイニング」（硬貨偽造）も反逆罪と見なされた。国王の通貨を発行する権利を侵害したこと

火刑の最初に死刑囚を絞殺するのが慣行だったが、時には、キャサリン・ヘイズの場合のように絞殺に失敗することもあった。

になるからだ。この罪を犯したとして一七二一年、バーバラ・スペンサーという女性がタイバーンで火あぶりの刑に処せられた。『ニューゲイト・カレンダー』によると、

「火刑場に立った彼女は、前日に比べるとあまり怖がってはいないように見えた。彼女は祈りをささげたいと強く望み、後ろの野次馬から泥や石を投げつけられたと愚痴をこぼした。野次馬のせいで、あの世について静かに考えることができなかったという。一度などは、彼女は野次馬のせいで完全に倒れこんでしまった。彼女ははっきりとこう言った。私は昔、ある男女から硬貨の造り方を教わった。その男女は今はもう偽金造りをやめて、立派に暮らしているが、彼らが最初にその商売を始めたとき、彼らはとても貧しい暮らしをしていた。けれど私は、彼らの素性を明かそうとは思わない。あの行為をもうやめた一家が破滅したら気の毒だし、同じことをまだ続けながらロンドンで無事に暮らしている人もたくさんいる。それに、私を火あぶりにする薪束の用意ができているのは見えるけれど、自分が証人になって、ほかの人の命を奪うつもりはない。たとえ判事が自分でここに来て、そうすれば赦免してやると言っても。そういうことだったので彼女は、長年のつき合いなのに彼女を告発したマイルズを簡単には許せないと言っていたが、ところが、点火の直前になって、彼女は彼女を許したばかりか、世間すべてを許し、完全なる慈愛の心で逝った」。

バーバラ・スペンサーは、炎がその身に届くまえに絞め殺された。だが、あまり運に恵まれなかった者もいる。女性の場合、「小反逆罪」、つまり夫や雇用主を殺害したときも火刑に処せられたが、そ

うした女性に、夫を殺して一七二六年にタイバーンで火あぶりになったキャサリン・ヘイズがいた。『ニューゲイト・カレンダー』によると、

「処刑の日、ヘイズはサクラメントを受け、処刑場までそりで引かれて行った。その哀れな女が祈りを終えると、その刑に従って、彼女の腰に鎖が巻かれ、彼女は火刑柱に縛りつけられた。女が小反逆罪で火刑に処せられる場合、通常は、首にロープを巻き、それを死刑執行人が引いて絞殺した。そうすれば、ありがたいことに炎の熱を感じずにすむからだ。しかし、この女については、文字どおり生きたまま焼かれた。というのも、死刑執行人が炎で手にやけどを負ってしまったため、ロープを離すのが早すぎたからだ。彼女の周囲に猛烈な炎が上がり、見物人が見守るなか、キャサリン・ヘイズは薪束を押しのけながら、空気をつんざくような悲鳴を上げた。すぐに薪束が追加されたが、その炎のなかで、彼女はかなりの時間生き続け、彼女の体が完全に灰になったのは三時間後だった」。

ニューゲイトで最後に火刑が行われたのは、一七八九年三月一八日だ。クリスティーン・マーフィーとその夫が、「コイニング」の罪で死刑になった。その朝は、八人の男がニューゲイト監獄の前で絞首刑に処せられていて、夫もそのひとりだった。クリスティーンのほうは、その直後に引き出され、処刑台から数メートルのところにある火刑用の柱に鎖でつながれてから、柱の上から突き出した腕木につるされた。この不運な女は、ぶらぶらとぶら下がったまま三〇分ほど放置され、その後、遺体の周りに薪が積み上げられて、火がつけられた。火刑が正式に廃止になったのは一七九〇年だった。

†世界各地では

火刑は植民地時代のアメリカでも行われていた。一七四一年、二九人の黒人と四人の白人が、ニューヨークの市街地を焼き尽くそうとたくらんで死刑を宣告された。このうち、二二人は絞首刑になった。黒人が一八人、白人男性がふたり、白人女性がふたりだ。残りの一一人が火刑だった。最後に火刑が行われたのは、一八二五年のサウスカロライナ州アビヴィル郡だったという。ニグロ・ジャックという名前の奴隷が、下位裁判所の判事と五人の登録有権者による裁判で、強姦と殺人を犯したとして有罪判決を受け、火刑に処せられた。だが、この有罪判決はとても支持できるものではないと見なされ、後にサウスカロライナ州は、火刑を認める法律を一切廃止した。

日本では、特に不愉快な火刑が行われていた。罪人を逆さまにつるし、頭を地面の穴に入れ、首の周りにはめた台の上で火をおこす。こうすると、体は焼けるが、首は無傷で残り、苦しみをできるだけ長引かせることができる。

ドイツでも、特定の犯罪を罰するのに火刑が使われた。ニュルンベルクの死刑執行人フランツ・シュミットは、一五九四年八月一三日の日記にこう書いている。「ファスチアン織の職人クリストーフ・マイアー、ならびに果実商ハンス・ヴェーバー。両者ともこの町の市民だが、三年にわたり互いにソドミーに耽っていた。そして、生け垣の陰でそのような行為に及んでいたところ、フック職人の徒弟に見つかって密告された。この果実商は男色歴二〇年で、その相手は、料理人エンドレースや、アレクサンダーなどなど。まず織物職人を斬首刑に処し、その後、遺体を果実商と一緒に焼いた。果実商は生きたまま火刑に処せられた」。

スコットランドでは、獣姦の罪を犯すと、火あぶりによる死刑が待っていた。一六〇五年九月一七日、ジョニー・ジャック（別名スコット）が、彼の共犯者と見なされたメスのロバと一緒に炎に飲みこまれた。また魔女も、スコットランドとチャネル諸島では火刑だったが、イングランドとアメリカでは火刑はまれで、たいていは絞首刑になった。スコットランドの当局は、有罪になった魔女に処罰の費用を払わせることまでしている。一五九六年二月に、ジャネット・ウィシャートとイザベル・クロッカーが有罪判決を受けたとき、ふたりには火刑に関係する諸費用の請求明細書が出された（総費用は一一ポンド一〇シリングになった）。

・火刑用泥炭　荷車二〇台分……………四〇シリング
・石炭　一ボール［六ブッシェル］……………二四シリング
・コールタール塗りの樽　四個……………二六シリング三ペンス
・モミと鉄の樽……………一六シリング八ペンス
・火刑柱とその仕上げ材……………一六シリング
・トウ［絞首刑用ロープ］　四ファゾム（二四フィート、約七・三メートル）……………四シリング
・泥炭と石炭と樽の丘への運搬代……………八シリング四ペンス
・処刑のための裁判一件……………一三シリング四ペンス

一六三六年一一月一九日、カーコルディでウィリアム・コークと妻のアリソン・ディックが、妖術を使ったかどで告発され有罪判決を受けたときは、早く焼けるようにと、ふたりとも特別仕立ての麻の服をタールに浸したものを着せられた。ただし、ふたりとも貧しくて費用を払えなかったので、ス

コットランド教会とカーコルディの町議会が次のような請求書を受け取った。

- 受刑者を火あぶりにするための石炭　荷車一〇台分……………三ポンド六シリング八ペンス
- トウ…………一四シリング
- ハーデン［麻布］とジャンプ［短い上着］……………三ポンド一〇シリング
- 服の仕立て代…………八シリング
- 地主の代理人として今回の巡回裁判の判事を務めるためにフィンマスへ出向いた者への報酬…………六シリング
- 死刑執行人の手当…………八ポンド一四シリング
- 今回の死刑執行人の経費…………一六シリング

公開の火刑はフランスでも行われていた。カタリ派の最後の砦、ピレネー山中のモンセギュールの砦（当時、カタリ派の宝物庫には聖杯もあると考えられていた）が、一〇か月にわたる籠城のすえ一二四四年に陥落したときは、二〇〇人の男女が歌いながら砦を歩いて出てきて、そのまままっすぐ、十字軍の用意した火葬用の積み薪に向かった。

別の一派、テンプル騎士団が一三〇七年につぶされたときも、多くの騎士団員が火刑に処せられ、そのなかには、騎士団最後の総長ジャック・ド・モレーもいた。この時から、フランスは妖術という強迫観念に取りつかれたようだ。一三五〇年までに、トゥールーズとカルカソンヌの異端審問で、一〇〇〇人が邪悪な魔法を使ったとして告発され、うち六〇〇人が火刑になった。一四三一年には、ジャンヌ・ダルクが魔女と異端の罪で告発され、公衆の面前で火あぶりの刑に処せられたが、彼女の有罪

アルビジョワ十字軍。当時、フランスのカタリ派が
虐殺され、数百人が異端として生きたまま火あぶり
になった。

判決は、神学的な理由というよりも、多分に政治的な動機から出たものだった。

ジャンヌ・ダルクの物語はよく知られているが、彼女が死刑になったのは、実は異端の罪のためで、魔女のほうではなかった、ということはあまり知られていないのではないか。この純朴な農家の娘は、「幻」に導かれてフランス軍に加わり、一四二九年五月のオルレアン解放をはじめとして、ブルゴーニュとイングランドの連合軍に何度か勝利を収めた。またジャンヌは、シャルル七世がフランスの王位を主張するのにも役立った。彼は一四二九年七月一七日にランスで戴冠式を行っている。だが結局、ジャンヌはコンピエーニュで敵に捕らえられた。戦場から撤退する際に、彼女が最後尾を務めると言い張ったためらしい。そして彼女は、ブルゴーニュ軍からイングランド軍に引き渡された。捕虜になった彼女を身代金で買い戻すこともできたはずだが、彼女のおかげで王位に就けたシャルル七世は、彼なりの理由があって、この元指揮官を見捨てた。

ジャンヌの異端裁判を取り仕切ったのは、ボーヴェーの司教ピエール・コーションだった。コーションは大司教の座を狙っており、フランス国内でのイングランド軍の働きを抜け目なく評価していた。異端として有罪判決を受けたジャンヌは、終身刑を申し渡された。火刑でなかったのは、彼女が神のお告げを見たという主張を撤回し、戦争中の男装から女性の服装に戻る、と同意したためだった。

ところが裁判の直後、彼女はまた男装に戻った。これが悔い改めない異端の行為と見なされて、ジャンヌは火刑を宣告された。表向きは異端の罪を犯したためだが、実際には、聖職者の野心の犠牲者だ。

一五世紀から一六世紀にかけて、フランスでは魔女か狼人間だという疑いのある者をだれかれ構わず罰した。一六三三年には、ルーダンにあるウルスラ会の小さな修道院の修道女が、地元の教区司祭ユルバン・グランディエ神父を魔術師だと訴えた。ハンサムで女好きのグランディエは、自分の若い

テンプル騎士団最後の総長ジャック・ド・モレー。1307年にパリで火刑に処せられた。テンプル騎士団の運命は、フランスの大規模な魔女狩りを予言するものになった。

告解者のひとりが自分の愛人でもあることを隠そうとはしていなかったし、別の少女を妊娠させて、不道徳だと非難されもしたが、彼の本当の犯罪は、リシュリュー枢機卿を風刺する文章を発表したことだった。ウルスラ会の修道女が悪魔に憑依されたようなしるしを見せると、リシュリューの仲間が調査に送りこまれた。すると修道女たちは、グランディエが悪魔を送りこんで私たちを苦しめたと主張し、ふられた愛人たちはグランディエを非難し、しかも、グランディエが悪魔ルシファーと交わした契約書までが即座に出てきた。

一六三四年八月一八日、次のような判決が下された。

「われわれは当該人ユルバン・グランディエ神父に以下のように命じる。魔術、マレフィキア(魔術のもたらす害悪)を行った罪、このルーダンの町のウルスラ会修道女数名ならびにそのほかの世俗の女性に悪魔を憑依させた罪、および、それによって生じたそのほかの告発や犯罪について、しかるべく審理し、有罪を宣告する。これらを償うため、われわれは当該人グランディエに、公の面前で償うよう申し渡す。彼は帽子を脱ぎ、首にロープを巻き、手に重さ二ポンド(約九〇〇グラム)の火のついたロウソクを持ち、サン=ピエール=デュ=マルシェの教会の正面入り口の前、およびこの町の聖ウルスラの教会の前で償うこと。そこにおいては、ひざまずいて神と王と法の許しを請うこと。これを終えたならば、サン・クロワの公共広場に連行され、前記の場所に当目的のために造る処刑台の柱に縛りつけられ、そこにおいて生きたまま焼かれること。この際、彼が用いた魔術の道具、ならびに彼が聖職者の禁欲に背いて書いた本の手稿も併せて焼かれること。そして彼の灰は、風に乗せて散らすこと。われわれは以下のように命じる。彼の動産一切は、王

ジャンヌ・ダルク。1431年に火刑に処された。表向きは異端の罪ということだったが、実のところ、むしろジャンヌはフランス王シャルル7世の目の上のこぶだった。

が取得し没収すること。そこから最初に合計五〇〇リーヴルを取り除き、本裁判の要約を刻んだブロンズの銘板を購入して、前記のウルスラ会の教会の目立つ場所に設置し、そこに永遠に残るようにするための費用に充てること。なお、本刑罰の執行に進むまえに、われわれは当該人グランディエに対し、彼の共犯者に関して、あらゆる拷問を受けることを命じる。以上、本日一六三四年八月一八日、ルーダンにおいて当該人グランディエに対して交付し、執行する」。

グランディエへの拷問はすさまじく、折れた手足から骨髄がにじみ出るほどだったが、この苦しい試練のあいだも、彼は終始潔白を訴え、共犯者の名前を言おうとしなかった。彼を告発した司祭たちも拷問に加わり、彼の精神力の強さに憤激して彼の脚を砕いた。そして、彼が黙っていることこそ有罪の証拠だ、と主張した。その司祭たちに言わせれば、彼が神に祈るのも、実際には悪魔を呼び出しているのだという。

一方、世俗の当局はグランディエに同情的だった。グランディエは処刑台から演説することを認められ、炎に包まれるまえに絞殺されることになった。だが、彼の処刑に随行した修道士たちは、彼に聖水を浴びせて演説の邪魔をした。真偽は明らかではないが、一説によると、彼らは十字架に口づけをさせてやるという口実を使って、重い十字架で彼の顔を殴り、残酷なやり方で口が利けないようにしたという。また高位の聖職者たちも、不埒にも絞殺が失敗するようにと、絞首用の鉄環を十分に締められないよう細工した。グランディエを告発した者のひとり、ラクタンス神父が薪に火をつけ、問題の女子修道院長の友人でリシュリューの仲間のジャン・ド・ロバルドゥモンは、グランディエが炎に包まれて苦しむ様子を満足げに眺めていた。この時の処刑柱と薪を提供した男は、手当として一九リーヴル一六スーを受け取った。その男が書いたこれの領収書は、一六三四年八月二四日付だった。

実は、ルイ一四世は火刑を禁じようとしていた。ところが、一六七三年にシャンブル・アルダント（火刑法廷）事件が起こり、魔術が少しばかり身近になりすぎて不安になってしまった。このころ、貴族たちが元恋人をひそかに片づけたいと思ったら、ヒ素などの毒をカトリーヌ・デエーという女から手に入れていたのだが、このデエーが、悪魔崇拝の会を率いていたのだ。国王と一二年にわたって愛人関係にあったモンテスパン侯爵夫人までも、国王への影響力を失いかけているのではと心配して、

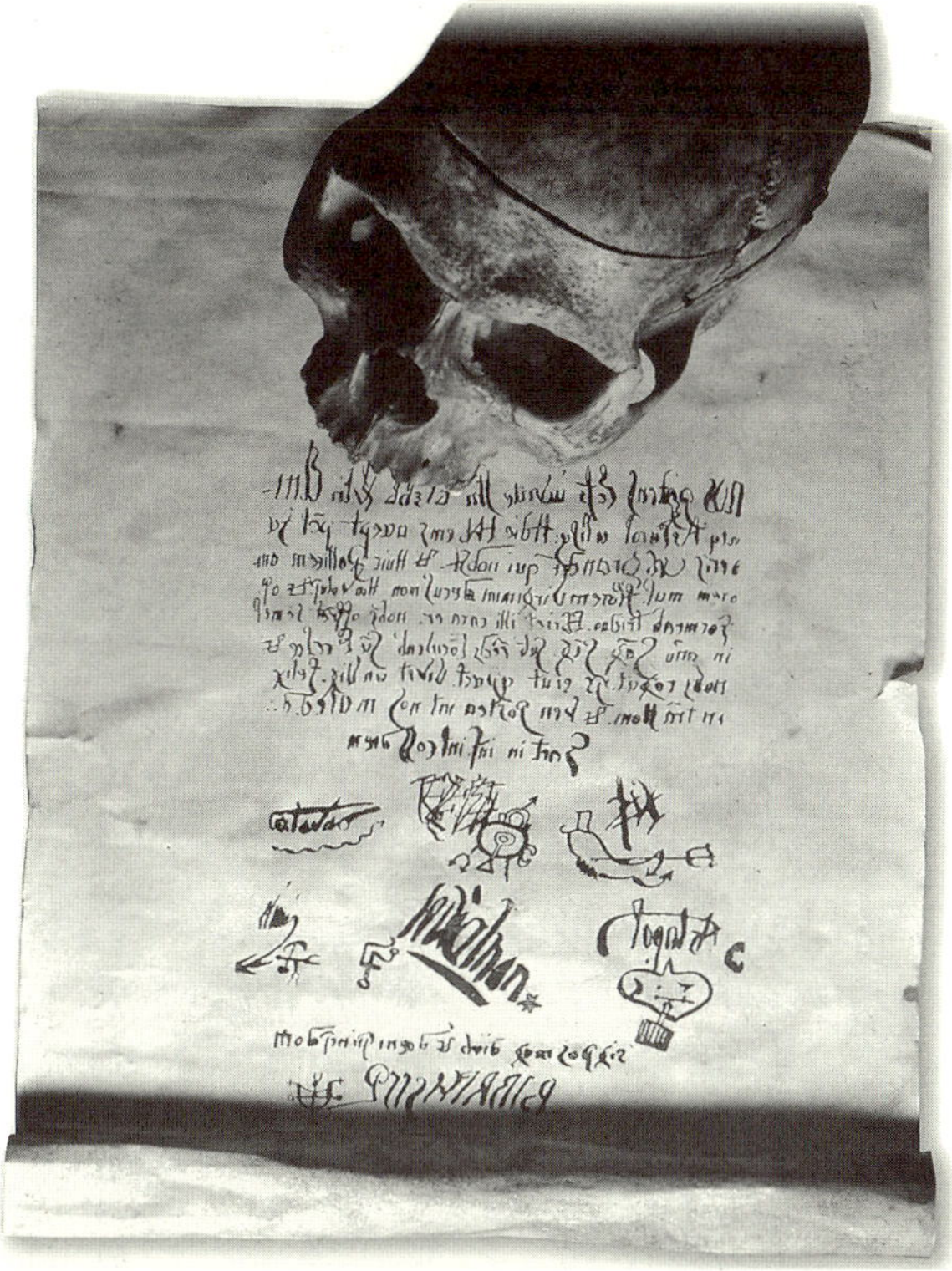

ユルバン・グランディエ神父が「悪魔と交わした契約書」。魔王ベルゼブブ本人と数人の悪魔が署名したかのように見えた。

デエーが取り仕切る陶酔忘我の「愛のミサ」に三度も出席したばかりか、自ら裸で祭壇に横たわり、神を冒瀆する秘跡を受けることまでしていた。しかも、国王の最新の愛人を殺そうと、毒薬を手に入れていたことを示す証拠も出てきた。

一六八〇年二月二二日、マダム・デエーは火刑台へと連行され、「鉄環で縛りつけられた。呪いの言葉を吐き続ける彼女に、わらがかぶせられたが、彼女は五度、六度とそのわらをかなぐり捨てた。しかしついに、炎が激しさを増し、彼女の姿は見えなくなった」。モンテスパン侯爵夫人のほうは、国王の寵愛を束の間取り戻したものの、結局、マントノン夫人という、モンテスパン侯爵夫人が王との間にもうけた子供たちの養育係だった中年女性に、王の寵愛を奪われてしまった。

その後も、フランスでは魔女裁判が続いたが、実際に火刑が行われることはまれだった。たいていは、司祭が配下の修道女を誘惑したとかいう事件だったので、教会当局が寛大な措置を施して終わった。とはいえ、二九人もの共犯者を名指ししたベルトラン・ギヨード神父は、財宝の予言と降霊術を行ったとして一七四二年にディジョンで火あぶりの刑に処せられた。うち五人が一七四五年にリヨンで死刑になったが、残りの者は追放されたり、ガレー船に送りこまれたりした。フランスでは、魔術を使ったとして最後に処刑されたのは、黒ミサを行ったルイ・デバラ神父だった。

魔女の火あぶりと言えば、ドイツではホロコーストの前触れのようなことがあった。少なくとも一〇万人が魔女として処刑され、たいてい公開の火刑だったのだ。一五九〇年にブラウンシュワイク州ヴォルフェンビュッテルで書かれた年代記によると、あまりに多くの魔女が火刑になったので、「処刑場は多くの火刑柱でできた小さな森のように見えた」という。

一六二九年八月には、ヴュルツブルクの領主司教の宰相が、次のような恐ろしい手紙を友人に書いている。

「この魔女の件についてては、閣下もしばらく前にお考えになられたことですが、また始まりました。これについてはふさわしい言葉がありません。ああ、悲痛にして悲惨なことばかりです。わが市にはまだ四〇〇人おります。身分の高いものも低いものも、あらゆる階級におりますし、男女問わず、聖職者すらおります。追及は厳しく、いつ逮捕されてもおかしくありません。確かに言えることは、ここのわが領主司教閣下の臣民の多く、あらゆる官職や職業団体の人々が、処刑されるにちがいないということです。聖職者、議員、医師、市の役人、裁判所の補佐人。そのうちの何人かは閣下もご存じの者です。法学生も逮捕されました。わが領主司教閣下のもとには、まもなく司祭になる学生が四〇名以上おりますが、そのうち三〇名か四〇名が魔女だと言われております。数日前も、ひとりの司教地方代理が逮捕されました。ほかにもふたり召喚されましたが、逃亡いたしました。私どもの大聖堂の宗教会議の書記も、これは非常に博学な男ですが、昨日逮捕され、拷問を受けました。一言で言うならば、わが市の三分の一が確実に巻きこまれております。もっとも豊かで、もっとも人を引きつけ、もっとも卓越した聖職者たちがすでに処刑されました。一週間前には、一九歳の娘が火あぶりになりましたが、彼女については、わが市一番の美人で、ひときわ慎み深く汚れのない娘だとだれもが認めていたと、あちこちで噂になっております。これから七日か八日のうちに、ほかにも最高に魅力的な人々が彼女に続くことでしょう。そうした人々は、新しい喪服を着て死に赴き、炎を少しも恐れません。そうして多くの人が、神を捨て魔女の踊りに参加したとして火あぶりになっております。彼らに対し、ほかに何か一言でも悪く言った人はおりません。この恐ろしい件の締めくくりに申し上げますが、三歳と四歳の子供三〇〇人が、悪魔と交わったと言われております。私も七歳の子供たちが死刑になるのを見ました。一〇歳と一二歳と一四歳と一五歳の勇気ある幼い生徒たちもです。貴族について言えば〔中略〕けれども、この悲惨なことについてはこれ以上書くことができません。これから高位の方々に及ぶでしょう。なかには閣下もご存じで称賛されていらっしゃる方もおられるかもしれません。彼らがそのようなことをするはずがないと思われることでしょう。正義を行わしめよ」。

同様のことは、ケルンの大司教の公邸があったボンでも起きていた。ボン近郊のアルフター村のデューレンという司祭が、ヴェルナー・フォン・ザルム伯爵にこう書き送っている。「長いことご無沙汰いたしておりましたが、いつもと変わりなく過ごしております。ただ、ボンでは魔女の火あぶりが始まりました」。続いてこの手紙は、迫害がどれほどのものかを伝えている。

「火葬用の薪で焼かれた者は、ほとんどが男性です。おそらくはボン市の半分が巻きこまれており、すでに、教授、法学生、牧師、司教座聖堂の参事会員、司教代理、修道士が逮捕され火刑に処されております。領主大司教様のもとには、司祭になるため修業中の神学生が七〇名おりますが、そのひとり、音楽の才に長けた者も、昨日逮捕されました。ほかにもふたり、捜査の対象になりましたが、逃亡いたしました。宰相とその妻、私設秘書の妻も、すでに逮捕されて処刑されました。聖母マリアの日の前夜〔九月七日〕、こちらで一九歳の娘が処刑されましたが、その娘は、ボン市で一番愛らしく、もっとも操の堅い娘だという評判でしたし、領主大司教様ご自身が養育

次ページ：中世の異端の処刑は、教会が悔い改めを強く迫ったことが特徴だった。火刑柱に縛られてからもなお悔悛を迫っていた。

なさった娘です。レーテンザーへという大聖堂の司教座聖堂参事会員については、首をはねられて焼かれるのを私も目撃しました。三歳か四歳の子供たちが、悪魔の愛人になっております。九歳、一〇歳、一一歳、一二歳、一三歳、一四歳の高貴な生まれの学生や少年たちも、ここでは火あぶりになりました。要するに、事態は哀れむべきものになっているということです。どのような人とならば話をしたり関係を持ったりしてもよいのやら、みな、わからなくなっております」。

ケルン市のほうでは魔女裁判が比較的少なかったが、これは、ケルン市議会が逮捕権を持っていたためだ。一六二六年に、聖クララ女子修道院の修道女たちが、魔法をかけられたと言ってカテリーヌ・ヘノットという女性を告発したときは、彼女は教会裁判所で無実を勝ち取った。弁護士が(弁護士がつくこと自体珍しい)、悪魔に取りつかれたという証拠は認められない、と主張したからだった。そこでケルンのフェルディナント大司教は、世俗の裁判所で改めて裁判を行うよう命じ、こちらでカテリーヌ・ヘノットは有罪となって、火刑に処せられた。

同じく一六二六年、クリスティーネ・プラムという悪魔に取りつかれたと思われる女性が、ほかの何人かを魔女だと訴えた。だが、裁判を傍聴した司祭たちが、彼女の証言は狂気のせいだ、とはっきり非難したところ、今度は司祭たちが同じ罪で告発されてしまった。大司教がそうした告発を奨励していたのだ。しかし、市議会が逮捕数を制限していたので、ケルンでの迫害は、バンベルクやヴュルツブルクやボンほどではなかった。

ドイツのほかのところでは、一六二九年が特にひどい年だった。マインツの大司教管区にあるミルテンブルクでは、町の住民三〇〇〇人のうち一七八人が処刑されたし、近隣の村でも五六人が命を絶たれた。また、やはり人口が三〇〇〇人以下のブルクシュテットでも、市民七七人が火あぶりになったほか、アイヒェンビューエルという小さな村で一九人が殺された。

どう見ても、もはや手に負えない状況だった。そこで教皇は、ふたりのイタリア人枢機卿、アルビッツィとジレッティを派遣して、この狂気の沙汰に終止符を打とうとした。一六三六年にドイツに到着したアルビッツィによると、「恐ろしい光景が私たちの目に飛びこんできた。多くの町や村の城壁の外側に、無数の処刑柱が立ち、そこに哀れな貧しい女たちが、魔女として縛りつけられ焼かれていた」。

一八世紀の後半になると、ドイツ各地で魔女を斬首するようになった。ドイツで最後に処刑された魔女の火刑は、容疑者が悪魔と明確な契約を交わしたことが明らかに証明できた場合に限られた。ドイツで最後に処刑された魔女は、公式には、一七七五年にバイエルン地方のケンプテンで死亡したアナ・マリア・シュヴェーゲルということになっている。彼女は女中をしていたカトリックで、すでに三〇代半ばながらまだ独身だった。そのためか、馬車の御者をしていた男の毒牙にかかってしまい、ルター派になるなら結婚する、という男の言葉をうのみにして、はるばるメミンゲンまで出かけて正式にカトリック教会から抜けた。ところが、その男は彼女を思いどおりにしたとたん、彼女の前から消えてしまった。そこで彼女は、カトリックの信仰に立ち戻り、聖アウグスティノ修道会の修道士から罪の赦しを得ようとしたが、その修道士もまた、彼女に罪の赦しを与えたあとでプロテスタントに改宗してしまった。こんなことばかり起きるのは悪魔の仕業にちがいない、と思いこんだ彼女は、正気を失って田舎をさまよい歩くようになり、最後にケンプテン近郊のランエゲンにある精神病院に収容された。すると、そこの寮母アナ・マリア・クーシュタラーが、あの御者に姿を変えた悪魔と性交したことを彼女に無理やり認めさせ、彼女のことを裁判所に告発した。そして一七七五年二月二〇日、彼女は逮捕され、刑務所に放りこまれた。

彼女の裁判が開かれたのは二週間後だった。それまでに拷問が行われたようには見えなかったが、混乱した精神状態のまま、アナ・マリア・シュヴェーゲルは、完全に目覚めていたときも夢のなかでも悪魔と性交した、と素直に認めたばかりか、悪魔と契約したとまで告白した。マレフィキアの罪のほうは実際には持ち出されなかったが、それでも判事は、三月三〇日に死刑を宣告した。ただし、火刑にすべきか、それとも絞首刑か、あるいは斬首刑かを決めかねた。結局、ケンプテンの領主でもある大修道院長が彼女を取り調べ、はっきりとこう助言した。「フィアット・ユスティティア（正義を行わしめよ）」。一七七五年四月一一日、アナ・マリア・シュヴェーゲルは斬首刑に処せられた。

第七章

恐怖政治

フランス革命以前、死刑の方法は多様だった。国王を殺害したら四つ裂きになったし、泥棒は絞首刑、追いはぎは車輪で体を打ち砕かれた。ただし、特権階級だけは斬首刑になって、運が良ければだが、即死することができた。だがフランス革命を機に、この特権はあらゆる社会階級が受けられるようになった。公開処刑が機械的にさっさとすませる仕事になった時代の始まりだ。フランス革命に続く恐怖政治の時代、公開処刑はギロチンによって、効率的かつ大規模に行われた。

†ギヨタン医師の発明

ギロチンという恐ろしい器具を発明したのは、ジョゼフ＝イニャス・ギヨタンという人だとされている。彼は一七三八年に生まれたが、未熟児だったらしい。というのも、この時、サントで公開処刑が行われ、車輪の刑で体を打ち砕かれている男の叫び声が聞こえてきたせいで、ギヨタンの母親が早産してしまったからだという。

ギヨタンは本質的に人道的な男だった。内科医になるまえは、聖職者になろうと考えたこともあったほどだ。一七八九年に国民会議の議員になると、彼は死刑に関連して数々の進歩的な法案を提出した。ギヨタン議員の考えによると、犯罪行為は個人的な問題なのだから、その刑罰や苦痛が死刑囚の家族に及ぶようなことがあってはならず、重罪犯の財産でも、その家族が相続することを認めるべきであって、その財産を没収すべきではないし、処刑された犯罪者の遺体も、遺族が望むなら、遺族に戻して埋葬させるべきだという。しかも、遺体を埋葬したら、その人がどのように死んだかを教会区記録簿に記載するのを差し控えるべきだ、ともギヨタンは訴えた。こうした提案は、どれも国民会議に歓迎された。

しかしギヨタンは、もっとはるかに急進的な変革を考えていた。絞首台で遺体をさらしておくことに嫌悪感を覚えていたし、重罪犯であっても、できるだけ苦痛の少ない方法で死なせるべきだ、と思っていたからだ。そうした法案にぴったり合うのは斬首刑だった。フランス革命で生まれた民主・平等の気運に合わせ、死もすべて平等でなければならない。以前は特権階級だけに使われた斬首という方法を、すべての人に適用すべきだ、というわけだ。だがギヨタンは、たとえ名人級の死刑執行人であっても、斬首はうまくいったりいかなかったりするものだ、ということもよくわかっていた。そこで彼は、「機械を用いて」死刑を執行するよう求める動議を出し、やっとのことで国民会議で通過させた。

その機械の設計には、いろいろな設計者が検討された。スコッチ・メイデンやハリファクス断頭台の製作者も候補に挙がったが、当時の最新鋭の器具は、イタリアの「マンナイア」というもので、二枚の直立したすべり板の間を斧が降りてくる形だった。この器具は、フランスでは一六三一年、トゥールーズでド・モンモランシー元帥が処刑されたときに初めて試していた。

ギヨタンは専門家の意見を求めることにし、当然ながら、公式の死刑執行人であるシャルル＝アンリ・サンソンに話を聞いた。サンソンによると、斬首刑で問題なのは、重罪犯が「そういった処刑に絶対に必要なしっかりしたところ」に欠ける場合が多いことで、状況を考えれば、それも理解できる、ということだった。もし受刑者がひざまずいてから気を失ったら、横に倒れてしまい、一太刀目の効果が鈍る。それを防ぐには、受刑者の体を最初から水平にしておくしかないのだという。

ギロチン。恐ろしいものと見なされがちだが、実は、剣で斬首するよりも人道的な方法として考案された。剣を使うと、一撃ではすまないことが多かったのだ。

ある晩、サンソンはこの問題について友人のシュミットに相談した。そこで、ドイツ人楽器職人のシュミットは、のちに世界的に有名になるギロチンの設計図のスケッチを描いてみた。ギヨタンは大喜びした。そして一七九一年四月三〇日、国民会議の場で議員仲間にこう説明した。これを使えば、重罪犯は「うなじにほんのわずかなさわやかさ」を感じるだけですむ。「この機械があれば、私でもあっという間に、あなたがたの首を切り落とせるし、あなたがたも苦しまない」。議員たちはどっと爆笑した。

それでも、議会は国王の侍医のアントワーヌ・ルイにその設計図の評価を依頼した。錠前造りに熱中していた国王も、機械装置に目がなく、設計図を自分の目で検討したいと考えた。その図を見て、国王は感心したものの、刃の形については疑問視した。最初の設計では、刃が三日月形だった。そこでサンソンに助言を求めたところ、斜めの形をした刃のほうがいいだろうが、両方の形をテストしてみたらどうか、ということだった。

一七九二年三月二〇日、ルイ医師は仕事を進めるよう指示を受け、この断頭装置の最初の試作品を五五〇〇フランでギドンという大工に注文するようにと言われた。試作品ができ上がると、サンソンと彼の兄弟ふたりが、ビセートル監獄の中庭で、三体の遺体を使ってテストしてみた。まず二体、斜めの刃を使ってみたところ、うまく切ることができたが、三体目を三日月形の刃で切ってみたら、うまくいかなかった。このため、斜めの刃のほうを使うことにした。

この新しい装置は、一七九二年四月二五日、グレーヴ広場で初公開された。受刑者はペルタンという追いはぎで、完全に気絶してしまった。もし従来のように剣を使おうとしたら、彼の首をはねることはできなかったはずだ。だが、受刑者をうつぶせに寝かせるだけで、落ちてくる刃がきちんと役目

使用中のハリファックス断頭台。フランスのギロチンの先駆。

を果たしてくれた。実験は大成功だった。

当時、この装置はルイ医師の名前にちなんで「ルイゾン」とか「ルイゼット」と呼ばれていた。「ラ・ギヨティーヌ」（ギロチン）という呼び名になるのは後になってからだ。これを使い始めてから七か月のあいだは、普通の泥棒や偽造犯の処刑に使っていたが、この間に、フランスの政情は急激に不安定化した。そして一七九二年八月二〇日、チュイルリー宮殿が襲撃され、国王自身が捕らえられてしまった。

その直後のこと、コボという名の偽造犯が処刑されることになった。サンソンがギロチンをグレーヴ広場に設置したところ、急進的なジャコバン派から、カルーゼル広場に移すようにと言われた。カルーゼル広場のほうがチュイルリー宮殿に近いからだ。ギロチンが新しい設置場所に到着したときには、コボは狂乱状態になっていたので、サンソンは、コボが落ち着くまで処刑を遅らせたほうがいいと考えて、了解を求めた。だが、まだひげも生えていない赤い帽子の若者が、こう言ってサンソンを脅した。すぐに処刑をしなかったら、あんたがギロチンを味わうことになるぞ。

そこでサンソンが、このままでは助手の手を借りないと処刑できない、と言うと、その若い革命家は集まった野次馬たちを見回してこう言った。「手助けならここにいくらでもいるさ。貴族の血が国民の幸せを固めるんだ。この連中ならだれだって、すぐにあんたに手を貸してくれるよ」。すると、群衆のいたるところから同意の声が上がった。

コボが処刑台に上がるのを嫌がったので、サンソンは罪人の体を抱えて階段を上っていかなければならなかった。ギロチンを目にしたとたん、コボは慈悲を請うた。群衆が黙りこんだ。サンソンはもう一度、処刑を遅らせるよう求めたが、若い革命家は一歩も譲ろうとはしなかった。結局、少しばかり苦労したものの、若者とふたりがかりでどうにか罪人を架台に縛りつけた。そして、サンソンはその若者にこう言った。国を愛している証拠を見せたいなら、自分で処刑を執行することが何よりの証拠になる。そこで若者はロープを引き、刃の固定装置を外した。刃が落下し、首がカゴのなかに転がり落ちた。サンソンは若者に、首を拾い上げてみんなに見せてやってくれ、と頼んだ。若者は処刑台の端まで行って、首を高々と掲げたが、そのとたん、ふらふらとよろめいて後ろへ倒れた。失神したと思ったサンソンは、彼を助けに行ったが、若者はすでに死んでいた。卒中の発作で即死したのだった。処刑中に激しく興奮したせいで、発作が起きたのだ。

サンソンは旧体制下で国王の死刑執行人を務めていたため、王党派ではないかと疑われ、当局から監視されていた。全権を握っていた検事アントワーヌ・カンタン・フーキエ＝タンヴィルから、こう

フランス人ギヨタン医師。いろいろな「斬首の機械」を組み合わせて、ギロチンを完成させた。

尋ねられたこともあった。どうして刃を落下させるロープを自分で引かないのか？　実際に受刑者を処刑するのはその刃なのだし、何と言っても、ギロチンを使うようになるまでは自分で剣を振るっていたではないか。サンソンの答えはこうだった。ロープを引くことは純粋に機械的な仕事だ。偶発的な出来事を避けるには、受刑者に準備をさせて、処刑の執行全体を監督することのほうが大事だ。この返事を聞いて、フーキエ＝タンヴィルは満足そうだったが、もしサンソンが職務を怠ったら、サンソン自身がギロチンに送られる、と警告するのも忘れなかった。ところがその後、政情が変わり、ギロチン台に上がったのはフーキエ＝タンヴィルのほうだった。

†ルイ一六世の処刑

一七九三年一月二〇日、サンソンは革命広場（今のコンコルド広場）にギロチンを設置するよう命じられた。翌日、ルイ一六世の処刑を行うのだという。と同時に、差出人不明の手紙も届いた。こちらは、王を救出する予定なので、できるだけ処刑を遅らせて、王に忠誠を誓う者たちが群衆を突破する時間を稼いでほしい、というものだった。もう一通、やはり匿名の手紙も来て、救出を邪魔しようとしたら、ただではおかない、と彼を脅迫してきた。シャルル＝アンリは、ルイ一六世の処刑という重大な仕事のために、兄弟ふたり、プロヴァンの死刑執行人シャルルマーニュとトゥールの死刑執行人ルイ・マルタンに手伝ってもらった。彼はこう書き残している。

「朝の七時に出発したが、その前に、かわいそうな妻を抱きしめた。もう二度と妻に会えないかもしれないと思ったのだ。兄弟のシャルルマーニュとルイ・マルタンと一緒に馬車で向かった。

フランス国王ルイ16世はギロチンで最期を迎えた。
しかし、血に飢えた専制君主という彼の評価は、多分にプロパガンダのせいだ。

街頭には大群衆が出ていて、革命広場に着くまえに九時近くになってしまった。助手のグロとバーレがすでにギロチンを設置していたが、私は使うつもりではなかったので、ギロチンに目を向けられなかった。兄弟たちはしっかり武装していた。私もだ。私たちはコートの下に、剣はもちろん、短剣、ピストル四丁、小さな火薬入れを帯びていたし、ポケットには銃弾を詰めこめるだけ入れてあった。王を救出しようという試みがなされるものと確信していたので、もしできれば、私たちも王の命を救う手助けをするつもりだった。

「広場に到着すると、私はあたりを見回して息子の姿を探した。息子は仲間と一緒に少し離れたところにいた。息子がこちらにうなずいてみせた。私を励ましているように見えた。何かが起きる兆しはないかと、私は耳をすませた。もしかしたら、王はここへの途中ですでに救出されたのかもしれない、すでに危険の及ばないところにおいでなのかもしれない、と思うとうれしかった。しかし、ラ・マドレーヌ教会の方角に目を向けたとたん、速足でやって来る騎兵隊の一団がぼんやりと見え、そのすぐ後ろに、二列に並んだ騎兵に囲まれた二頭立ての馬車も見えた。今や疑いの余地はなかった。受刑者がすぐそこにいた。私は視界がぼやけ、息子に目を向けた。息子も真っ青になっていた。

「馬車が処刑台の下で止まった。王は後部座席の右側に座っておられた。王の隣には聴罪司祭、前の席には憲兵がふたりいた。憲兵が先に出てきて、次に司祭が降り、そのすぐ後から王が降りてこられた。王はヴェルサイユやチュイルリーでお会いしたときよりも、ずっと冷静で落ち着いておられるように見えた。

「王が処刑台の階段に近づいておられたとき、私はあたりを見回してみた。人々は静まりかえり、太鼓の音だけが響いていた。救出隊が近づいているような兆候はまったくなかった。私と同じくシャルルマーニュも当惑しているようだった。弟のマルタンと言えば、私たちよりも年下だが、ずっとしっかりしていた。彼は恭しい態度で前に進み出て帽子を取り、恐れ入りますがコートをお脱ぎください、と王に告げた。『その必要はない』と王は答えた。『このままやってくれ』。だが弟は重ねて求め、さらに、王の手をどうしても縛らねばならないと告げた。この言葉に、王はひどく動揺し、真っ赤になって叫んだ。『なんだと！　私に触れようというのか？　ほら、コートだ。私に指一本触れてはならぬ！』。そう言うと、王はコートを脱いだ。シャルルマーニュがマルタンに手を貸そうとしたが、この輝かしい受刑者にどう接したらいいものかよくわからず、冷静そうな、だが心の奥底の感情を隠しきれない口調でこう言った。『どうしてもそうせねばならないのです。そうしなければ処刑を進められません』。

「そこで今度は、私が取り持つことにした。かがみこんで司祭の耳元に口を寄せ、こうささやいた。『神父さま、どうか申し上げるとおりになさるよう、王にお願いください。王のお手を縛っているあいだに、時間を稼ぐことができますし、まもなく助けが来るかもしれません』。神父は私の顔を悲しそうにじっと見つめてから、王に向かって言った。『陛下、どうか最後の犠牲を甘んじてお受けくださいますように。それによって陛下は、我らが救い主に近づかれるのです』。

「聴罪司祭が唇の前で十字架像を掲げるなか、王は両手を差し出した。ふたりの助手が、かつて王笏を振るっていた両手を縛った。それから王は、その立派な司祭に支えられながら、処刑台の階段を上った。『太鼓はずっと鳴り続けるのか？』と王がシャルルマーニュに言った。台の上に上がると、王は台の端、群衆が一番大勢いるほうへ歩いて行った。その威厳ある態度に、鼓手もしばし太鼓を打つ手を止めた。『フランス人よ！』と王は力強い声で叫んだ。『このとおり、王は国民のために死ぬ用意ができている。願わくば、わが血が国民の幸福を固めんことを！　私は無実の罪で死ぬのだ！』。王は言葉を続けようしたが、その時、処刑執行を指揮していたアントワーヌ・ジョゼフ・サンテールが鼓手に太鼓を打つよう命じ、その先の言葉はまったく聞き取れなかった。まもなく、王はギロチンの架台に縛りつけられ、その数秒後、私の手で、刃が滑り落ちて行った。その時もまだ、王には司祭のこう言う声が聞こえていたはずだ。『聖王ルイの息子よ、天に召されよ！』」。

「こうして不運な君主は亡くなられた。十分に武装した者が一〇〇〇人いたなら、お助けすることもできたかもしれない。実際、処刑の前日に受け取った知らせに、救出を試みる予定だとあったのは、いったいどう理解すればよいのか、途方に暮れている。ほんのわずかでも何か合図があったなら、それだけで王のために迂回策を取れたことだろう。助手のグロが王の首を群衆に見せたとき、勝利の叫びがいくらか上がったとはいえ、それよりももっと多くの民衆が強い恐怖にとらわれて顔を背けたのだから」。

王の聴罪司祭を務めたフィルモン神父も、王の最期についてこんな記録を残している。

「最初、みな恐ろしいほどに静まり返っていた。そしてようやく、『ヴィヴ・ラ・レピュブリク（共和国万歳）』という叫び声がいくつか聞こえた。その声は次第に増え、一〇分もしないうちに、この叫び声は何度も何度も繰り返されて群衆全体の叫びになり、みなの帽子が宙を舞った」。

その直後、図に乗った野次馬が王の血にハンカチを浸し始めた。シャルル＝アンリ・サンソンはその光景に狼狽し、贖罪のミサを秘密裏に廃屋で行ってくれる司祭を探し求めるようになった。

†マリー＝アントワネット

翌年、サンソンは王妃マリー＝アントワネットの処刑を命じられた。王妃はオーストリア人だったので、その分余計に嫌われていて、ギロチンへ向かう道のりでは終始群衆からののしられていた。サンソンに支えられて処刑台に上がった王妃は、ギロチンの架台に横たわると大きな声でこう言った。

「さようなら、子供たち。お父さまのところへ行くわ」。

過激な「サン・キュロット」（当時の貴族はキュロットというひざ丈のズボンを着用していたが、庶民階級は長ズボンをはいていたので、サン・キュロットつまりキュロットをはかない者、と呼ばれた）の中心的スポークスマンだった共和派のジャーナリスト、ジャック＝ルネ・エベールは、王妃の処刑を喜んだ。「かつて専制君主に虐げられてきた方々よ」と彼は書いている。「共和国のために命を落とした父親、息子、夫の喪に服している方々よ、慰めを得られよ。復讐が果たされたのだから。あのオーストリア女の首がずだ袋に落ちて行くのを私はこの目で見た。神よ、あの恐ろしい女が三六のドアのある馬車でパリを横切って行ったとき、サン・キュロットがどれほど満足していたか、私にうまく書き表せますように」。「死刑囚を処刑台へ連行する荷車は、側面に三六枚の羽根板とその隙間があった。」

「彼女を引いていたのは、もはや見事な羽根飾りと壮麗な馬具をつけた美しい白馬ではなく、サンソン親方のバルーシュにつながれた二頭の駄馬であったが、その馬たちも、共和国の誕生に貢献できることをいたく喜んでいる様子で、あの運命の場所へもっと早く到着できるようにと、速足で行きたがっているように見えた。しかしながら、あの性悪女は最後までずぶとく傲慢であった。だが、彼女の足は彼女を裏切り、彼女はシーソーに乗ってホットコクルズの遊びをしながらも［この表現は、受刑者がむせぶような音を立てることを滑稽に言い表している］、疑いもなく恐怖にとらわれていた。あの世に行ったら、今から受ける罰よりもずっと恐ろしい罰が待っているのではないかと。彼女の呪われた頭は、ついにそのツルのような首から切り離され、『ヴィヴ・ラ・レピュブリク！』という叫び声が空一杯にこだました」。

五か月後、今度はエベール自身がギロチンにかけられたが、シャルル＝アンリ・サンソンは最後まで無事だった。シャルル＝アンリは一七九五年一〇月三〇日に引退し、息子のアンリがパリの死刑執行人を受け継いだ。ただし、アンリがこのポストに正式に就任したのは、一八〇六年にシャルル＝アンリが死去してからだった。このふたりが死刑執行人を務めていた時期は、ちょうど革命期だったので、ふたりで三〇〇〇人近くの首を切り落とすことになった。

†恐怖の広がり

死刑が行われたのはパリだけではない。一七九三年九月五日、革命政府が出した命令によって、「恐怖政治」の時代が始まった。革命の敵、つまり貴族や聖職者、食料や私有財産をためこんでいる疑いのある者は、抹殺されることになったのだ。九月一七日には、マクシミリアン・ロベスピエール率い

ギロチンへ向かうマリー・アントワネット。オーストリア人でしかも貴族ということで、彼女はフランスの民衆から二倍嫌われた。

る公安委員会が反革命容疑者法を成立させ、反革命的な考えを抱いている疑いのある者ならだれでも、逮捕して処刑することができるようになった。そして、移動式のギロチンを携えた革命軍が、パリから地方へと派遣された。徴兵制度も導入され、革命軍はたちまち五〇万人規模に膨らんだ。「今や、血の川がフランスを敵から隔てるだろう」とロベスピエールは言った。

フランス革命はいわゆる「理性の時代」の産物で、組織化された宗教も敵と見なされた。公安委員会は住民を非キリスト教化しようと、全国各地に代理人を派遣した。教会や墓地が破壊され、パリの司教も辞任させられ、ノートルダム大聖堂も世俗用に転用されて「理性の神殿」と改名された。一七九三年一〇月五日には、それまでのグレゴリオ暦が廃止され、新しい「合理的な」システム、キリスト教とは無関係の暦が生まれた。新しい暦では、一年は一二か月だが、一か月はそれぞれ三週間、一週が一〇日間だった。しかも、この暦は一七九二年九月二二日（共和国が正式に樹立した日）から採用され、その日が新暦の元年ヴァンデミエール一日（元日）となった。

もちろん、だれもが過激な革命を支持しているわけではなかった。リヨンが反旗を翻した。だが血まみれの砲撃戦のすえ、一〇月九日に革命軍がリヨンを奪回し、「ヴィル・アフランシ（解放された都市）」と改名した。そして金持ちの家を破壊し、反乱軍の二〇人から三〇人を処刑した。それでも、地元のリヨン市民の革命派は同じリヨン市民に対して寛大すぎるのではないか、と考えた革命政府は、マチュー・パレンという熱狂的なジャコバン派を送りこんだ。彼は収入が三万リーヴル以上の者に財産を引き渡すよう命じ、宗教の形跡をすべて消し去るよう市民全員に命じた。家宅捜索と大量処刑が始まった。

ギロチンはフル稼働だった。革命暦二年のニヴォーズ一一日、二五分間に三二人の首が切り落とさ

革命の英雄ジョルジュ・ダントン。恐怖政治による際限ない処刑をやめるよう訴えて、ロベスピエールと衝突した。

れた。その一週間後には、一二人の首がたった五分で切られた。政敵を始末するためとはいえ、こんなやり方はめちゃくちゃだ。ギロチンが置かれていたラフォン通りの住民は、処刑台の下を走る排水溝から血があふれだすことを始終ぐちっていた。

集団で射殺するという方法もあった。六〇人もの囚人を数珠つなぎにして、大砲を撃ちこんだのだ。即死しなかったら、銃剣やサーベルやライフルでとどめを刺した。虐殺の中心人物だったドルフィユという俳優は、一日で一一三人のリヨン市民を殺した、と自慢げにパリへ書き送っている。その三日後にも、彼は二〇九人を虐殺し、さらに四〇〇か五〇〇人が「砲火でもって罪の償いをする」ことになる、と断言した。現実には、とてもそれどころではなかった。虐殺が終わったとき、死者の数は一九〇五人に上っていた。しかも、犠牲者は金持ちや貴族や聖職者に限らず、失業者も殺されたし、革命裁判所が「狂信者」と判断した者も、だれかれ構わず抹殺された。

同様に、マルセイユ（当時は「ヴィル・サン・ノン（名無し町）」と呼ばれた）も粛清の対象になった。フランス西部のヴァンデ地方で反乱が起きたあとは、地元の代理人がその報復行為についてパリの公安委員会にこう書き送っている。「こちらにはもうヴァンデはありません。市民もおりません。われらの自由の剣の下、女子供と一緒に消滅いたしました。ヴァンデをサヴネーの湿地と泥に葬ってやりました。こちらに下された命令に従い、子供は馬に踏み潰させ、女は少なくともこれ以上山賊を産まぬよう、皆殺しにしました。捕虜を残しておかなかったのを後悔しております」。ヴァンデという名前は「ヴァンジェ（復讐）」という呼び名に変わった。

アンジェでも、一二月だけで二〇〇人の囚人が処刑され、サン＝フロランでは二〇〇〇人以上が命を落とした。ポン＝デ＝セとアヴリイエでは、容赦のない大量殺戮が長々と続いたすえ、三～四〇〇〇人が犠牲になった。ナントでは、ギロチンを酷使しすぎたあげく、「垂直の流刑」という新しい公開処刑法が編み出された。平底の小舟の底に穴をあけてから、その穴の上に板を釘打ちして、少しの間だけ船が浮かぶようにする。そして、手足を縛った囚人をその船に乗せ、船をロワール川の真ん中まで引いて行って、そこで死刑執行人が先の板をはがす。その後、死刑執行人は並走してきた別のボートに飛び移る。囚人の小舟が沈み、囚人たちも小舟と一緒に沈む、というものだ。溺れまいともがく者は、サーベルで切り殺された。

当初、この処刑方法は聖職者だけが対象で、「共和主義的洗礼」と呼ばれていた。後には、「国家の

ギロチンに集まる民衆。タイバーンの公開処刑と同じで、フランスの斬首刑もお祭りのようなものだった。

浴槽につかる」という言い方のほうが広く使われるようになった。囚人はたいてい服を脱がされた。若い男女の場合は、裸で一緒に縛られて、「共和主義的結婚」をさせられることもあった。

革命軍は全国各地に展開して、反政府的な扇動行為に目を光らせた。そして、反ジャコバン的な意見に共鳴している疑いのある者がいたら、老若男女を問わず虐殺した。さらに田畑も焼き払い、家畜を殺し、納屋や小屋を破壊し、森林に火を放った。反ジャコバン派の軍隊をもてなした町や村は、どこであれ徹底的に破壊した。ジャコバン派の恐怖政治信奉者は井戸にヒ素を入れようと計画していたし、毒ガスを開発できないものかと考えて、有名な化学者に尋ねたりしたこともあった。

地方を「平和にする」ために派遣された一二の部隊は、行く先々で住民を皆殺しにした。女性をレイプし、子供を殺したあげく、女性も子供もばらばらに切り刻んだ。一家全員が自分たちの流した血の海に浮かんでいた、などということもあった。非の打ちどころがない共和派でありながら、ジャコバン派が初めてやってきたとたん、息子三人と義理の息子を失った人もいた。しかも彼の場合、戻ってきたジャコバン派に残りの息子と妻と一五歳の娘まで虐殺された。コルディユ将軍は弾薬を節約するため、部下に銃ではなくサーベルを使うよう命じていた。

ゴノールでは、クルーザ将軍が初老の人々、母親と子供たちを集めて穴を掘らせたうえで、その穴の前に初老の人々二〇〇人をひざまずかせ、射殺して、掘りたての墓に落とした。なかには逃げ出そうとした人もいたが、そうした者は、地元の石工のハンマーで殴り殺した。さらに子供三〇人と女性ふたりを生き埋めにして、最後にその穴を土で埋めた。

ロワール渓谷では、約二五万人が殺された。なんと、この地域の人口の三分の一に当たる数だ！しかもこの数字には、革命や続いて起きた戦闘で共和派に味方して戦ったすえ、命を落とした人は含まれない。

反革命容疑者法のおかげで、パリの刑務所はあふれそうなほど満員だった。金持ちは自分の食事代と宿泊代を払わさせられた。ギロチンもフル稼動を続けていた。ある娼婦は、王党派に同感するようなことを言ったとして処刑されたが、実のところ、革命が起きてから商売上がったりだよ、とぐちっただけだった。また、ある囚人が革命裁判所の法廷でナイフで自殺したときには、法廷は、とにかく彼の遺体をギロチンにかけるように、と命じた。革命の裁きから逃れることはだれにもできなかった。

その後、フランス革命は革命そのものも蝕み始めた。ロベスピエールと対立したら、だれであれ「共和政の窓から顔をのぞかせる」ようにという判決を受けた。つまり、ギロチンのフレームに首を通せ

人を呪わば穴ふたつ。恐怖政治をつくり上げたマクシミリアン・ロベスピエールは、自らもギロチンに送られた。送ったのはかつての革命の同志だった。

ということだ。偉大な革命の英雄ジョルジュ・ダントンも、恐怖政治の停止を呼びかけようとしたところ、逮捕されて「国家の剃刀でひげを剃られる」ことになった。一族全員もギロチン送りになったばかりか、そのなかで年長の者は、年下の親族が処刑されるのを目の当たりにしながら自分の番を待つことを強いられた。

ロベスピエールは、自分では正義と道徳を唱道しているつもりだったし、ギロチンについても、国民のモラルを向上させる道具として使っているのだと信じていた。またロベスピエールは、自らが中心になって「最高存在の祭典」を挙行した。彼によると、これは神に対する信仰への回帰ではない。自然こそが「最高存在」だった。だが、われこそが最高存在だ、というのがロベスピエールの本音だろうと、多くの人がいぶかっていた。

また、「愛国主義を誹謗すること」、「絶望感を煽ろうとすること」、「虚偽の知らせを流すこと」、「道徳を腐敗させること」、「公徳心を堕落させること」、「革命政府の純粋性と活力を損なうこと」も新たに犯罪と見なされた。司法手続きを迅速化するため、被告には弁護人がつかなくなったし、証人を法廷に呼ばなくてもすむようになった。陪審は法を遵守する市民で構成されたが、そんな些細なことなど気にせず公平公正な判断を十二分に下せるような人々が選ばれた。さらに、判決は二種類しかなかった。無罪か死刑かだ。といっても、たいていは死刑だった。ロベスピエール自らこんなスローガンを作り出した。「寛容は極悪である」。革命暦元年のジェルミナルには、一日に五件の処刑が執行されていたが、これが二年のメスィドールになると、日に二六件と大幅に増えた。

フランス軍はずっと順調で、外国の脅威もさしあたり消えていた。そのため共和派のなかには、これほど厳しい措置が必要なのだろうか、と疑問に思う者も出てきた。だが、ロベスピエールはこう主張した。この新しい革命的司法に反対する者は、何かを隠しているにちがいないから、そうした者をただちに取り調べるべきだ。彼は迫害を組織的に行うことに没頭していて、革命の指導者たちが彼の最高存在崇拝を陰であざ笑っていることに気づいていなかった。

一七九四年七月二六日（革命暦二年テルミドール八日）、ロベスピエールは「もっと徳を」と呼びかける演説を行い、彼の支持者は彼の政敵を「ア・ラ・ギヨティーヌ（ギロチンにかけろ）」と気勢をあげた。ところが翌日、ロベスピエールは議定書に反したと批判された。指導者一同を代表して発言すべきなのに、そういう集団指導から逸脱して、「自分だけの名において」演説したというのだ。この非難に、彼は言葉を失った。沈黙のなか、大きな声が上がった。「そうか、ダントンの血が彼ののどにつかえているんだな」。

ロベスピエールの政敵の動きは素早かった。彼と支持者は逮捕され、寛大な措置を求めることもできなかった。彼は自殺を図ったが未遂に終わり、あごが砕けただけだった。そして、ロベスピエールと支持者一七人がギロチンにかけられた。潔癖で小柄な男だったロベスピエールは、乾いた血が一面にこびりついた処刑台に上がった。ギロチンの刃を邪魔しないようにと、あごを支えるために巻いていた包帯をはぎ取られ、彼は痛みに悲鳴を上げたが、結局、ギロチンによって静かにさせられた。死刑執行人はシャルル＝アンリ・サンソンだった。

この歴史に残る暗黒時代、死者の数はまったく信じられないほどに上った。

第八章

エキゾチックな処刑

一八六六年、R・マウントニー・ジャフソン、エドワード・ペネル・エルムハーストというふたりのイギリス人将校が、神奈川の牢屋敷の牢屋奉行に招かれ、日本の陰惨な処刑を目撃した。処刑はまず、儀礼にのっとった行列から始まった。ふたりによると、「最初に、柄のついた告知の札を掲げた男ふたりがやってきた。一方の札には、これから処罰される罪人がどのような罪を犯したのかということと、その罪人が宣告された刑罰が書かれていた。もう一方は、罪人の名前と出生地が書いてあった」。その札によれば、その罪人は泥棒に入ったために処刑されるのだという。

「そのすぐ後ろに続いて、死の迫った男が馬に乗って来た。彼は馬に結びつけられ、両腕を後ろ手にきつく縛られており、腰に結わえたロープを並んで歩いている男が持っていた。神の形に似せて造られたはずの人間があのような状態になるのを目の当たりにするとは、このような巡り合わせはこれまでなかったし、きっともう二度とないだろう。肌は青ざめ、干からび、しなびているし、顔はやつれてゆがみ、目はどんよりとうつろに下を向き、ほお骨が浮き出て、やせ細った腕は弱々しく脇に垂れていた。勇敢そうにすることも、最後まで彼の民族の一員たるべく振る舞おうとすることもできなかった。私たち一行の前を通り過ぎるとき、彼はこちらに目を向け、見下したように笑いながら声をかけてきた。『外人さんよ、日本人がどうやって死ぬのか見に来たのか』。かつては立派で力強い男だったという話を聞いたが、そんな男も、日本の監獄で一年過ごしたせいで、つまり、拷問と飢えの一年を過ごしたせいで、いま目の前にあるような不快で衰弱した姿になってしまったのだ。だが、彼の心は死んではおらず、彼の勇気も消えてはいなかった。彼はまだ、憎むべき迫害者に抵抗することができた」。

このイギリス人将校たちは、日本人の不屈の精神をスパルタやローマの歩兵と比べている。

「行列で次に来たのは、槍をもったふたりの男だった。それから歩いている男が何人かいて、最後が、家来を従え馬に乗った役人ふたりだった」。

この将校たちは牢屋敷のなかに案内され、中央の中庭に入った。中庭は牢屋に囲まれていて、牢屋のなかの囚人は外気にさらされるがままになっていた。「自白を強要したり罪を罰したりするための拷問について、恐ろしい話を聞いた。日本人の描いた彩色画（さまざまな信頼できる筋から聞いたところでは、その絵に誇張はないという）は、恐ろしすぎて詳しく語れないほどに、苦しむ人間の場面や様相を描き出している。ローマの異端審問にあった悪魔のような巧妙さも、日本で認められた裁判権の工夫にはかなわない。

「窃盗は、特に暴力を伴うときは、犯罪のなかでも最上位に位置する。そのため最悪の場合、もっとも残酷な拷問に属するものを受ける。死刑は、どういう形の死刑になるかは盗んだ量と盗み方で決まるが、何であれ日本の通貨で四〇分以上の価値があるもの［約六〇シリングつまり三ポンド、今の貨幣価値では一八五ポンド］を強奪した強盗罪に科す刑罰だ。自白は、あぶら汗が出るほど苦しませて無理やり引き出すが、恐ろしいことに、無実の男に白状させることがあまりに多い。その方法は、棒で打つとか、胸の上に胸が砕けるほどの重しをのせ、その重しを徐々に、どんどん重ねて積んでいくとか、体の一部をひとつずつ、手足を一本ずつ、震える胴体から切断していくとかだ。もっと恐ろしく残酷な拷問がまだほかにもあり、それらを列挙しようと思えばできるが、そうしたら読むだけで気分が悪くなるのではないかと思う。ともあれ、そうして自白させたら、それから、斬首、磔刑、先の鈍い槍で串刺しにする、たいまつで狂暴にした野生の牛を使ってばらばらに引き裂く、などといった多くの恐ろしい方法で処刑する。

「私たちが視察して回っていたあいだに、あの死を宣告された罪人は縄を解かれ、門のところで馬から降ろされていたが、足で立とうとしても立てなかった。衰弱していたし、あまりに長いこと拘束されて苦しい姿勢を取っていたからだ。そのため、監獄の構内へは彼を運んで行かざるを得なかった。ここで、朝食がたっぷりと出された。彼がどんな飲み物を頼んでも出してもらえた。これは、心ないからかいに見えるかもしれない。惨めな悪党の最期をあざ笑おうとしているかのように。だが、実は逆で、彼はがつがつと一心不乱に食事をした。食べ終えたら、それが、彼があの世に旅立つ覚悟ができたという合図になるのだ」。

その男は少なくとも一年間ろくに栄養を取っていなかったので、思う存分食べた。「それまで受けてきた苦痛のせいで、彼の心は最後の罰など気にならなくなっていた。あるいは、死ぬことが幸せな逃避行にすぎないように思えたのだろう」。その時、彼は見物人に気がついた。そして丁寧におじぎをしたが、番人のほうを向くと、「バカ唐人」と悪態をついた。

「たっぷり三〇分が過ぎ、もう行かねばならないということが、彼にそれとなく伝えられた。言われるがまま、彼は両脇を支えられながら、ゆっくりと歩いて処刑場へ入って行った。そして位置についた。ひざをつき、両足のかかとに腰を下ろしていた（日本人の一般的な姿勢だ）。彼の前には、彼の頭を受

横浜でふたり同時に処刑される様子。それぞれ、一刀のもとに首をはねられた。

けるために掘った小さな穴があった。彼の前方、九メートルほど離れたところに、広場を横切るように張ったロープがあって、その向こう側に、処刑を監督する役人と監獄の当局者が座っていたが、彼らは平然として扇子をあおいでいた。彼らの向こう側にも、見物を認められた外国人が六人から八人くらいいた。

「囚人は両腕を後ろ手に縛られていたが、目隠しをされるまえに彼は、ちょっと待ってくれ、と言った。この頼みが聞き入れられ、彼は弱々しい震え声を振り絞って、こう叫んだ。『おい、みんな！』。そのとたん、これにこたえて、塀の外側にいた彼の仲間たちが一斉に、この世のものとは思えないような悲鳴を上げた。彼らはだれひとり、なかに入って見ることはできなかった。その声に、私たちよそ者はびっくりして、落ち着かない気分になった。L氏［この将校たちの通訳］だけはそんなこともあろうかと心得ていて、何があったのかを説明してくれた。『みんな！』と、その不運な男がまた大声を上げた。一言何か言うたびに、同じ震え声の返事が返ってきた。『俺はじき死ぬ。だがそんなことは構わぬ！』。そう言うと、ぞっとすることに、彼は笑おうとした。『俺のことなど気にするな！　もうどうでもいいことだ！　そんなことより達者でなあ！　さらば！』。すると、前よりも低くて長いすすり泣きの声と同時に、外側の人々もこう言った。『さようならあ！』」。

「それから彼は、用意ができたという合図を番人に送り、黙ってすぐに目隠しをさせた。死刑執行人は、それまで彼の脇に立って、その両手で扱う長い剣の鋭い刃に落ち着き払って水をかけていたが、今や彼に近づいて、彼の頭の位置を注意深く直し、少しだけ横向きにした。その位置にしたほうが、頭を受けるための穴に正確に落ちるのだ。そして、準備が完了したという合図を役人に送った。ところが、その役人は合図を送るまえに、私たちの目の前の哀れな男が死の一撃を待ち構えているのをそのままにして、L氏に礼儀正しく丁寧に一言尋ねた。イギリス人の将校たちは心の準備ができているのか、と聞いて来たのだ。もちろん、彼は『はい』と即答した。その言葉を聞いた死刑執行人は、囚人の首から三〇センチそこそこのところに構えた重い刀を振り下ろした。すると、ドンという音がはっきり聞こえ、たちまち首が所定の場所に落ちた。

「私たちは常々、かなり立派な神経を持っていると自負していたが、白状すると、あの剣が受刑者を切った鈍い音を耳にしたとき、吐き気がするほど不快感を覚えた。その瞬間、命ある肉体が無意味な土の塊に還ったのだと思った。首の切り口がぞっとするような赤い円になっているのが一瞬見えたし、頭のない胴体から血が噴き出して流れていた。私たち少人数の一行のほかの者はどうしているかと思い、目を向けたところ、周りの屈強な男たちも青ざめた顔をしていたので、彼らも、たった今目撃したばかりの光景にまったく動揺していないわけではないのだと思った」。

落ちた首はすぐに拾い上げ、洗って袋に入れた。そうしている間に、ふたりの男が首のない遺体をぐっと押して、まだ遺体が温かいうちに体に残った血を絞り出した。それから遺体を包んで縛り、外へ運び出した。その後、また行列が組まれた。今度は、死刑囚を運んできた馬に死刑執行人が乗り、首を一・六キロほど離れた場所へ運んで行った。その場所には絞首台のようなものがあり、見せしめとして斬首した首を六日間さらしていた。

ジェフソンとエルムハーストによると、処刑を目撃したときの自分たちの反応にわれながら驚いたという。これより一年ほど前にも、ふたりは中国の広東で、中国人三人の斬首を目にしていた。

「かの地では、そうしたことは日常茶飯事で、些細なことと考えられているため、処刑場の一角に、いくつもの首が、元の形をとどめているものから腐っているものまで、さまざまな姿でいつも積み上げられているのが見られた。しかし、そうしたビジネスライクな、形式にとらわれない方法で処理していたので、中国人は迫りくる運命にあまり動揺しないように見えた。実際、笑ったり話をしたりしながらその瞬間を迎え、その時になったら、ひざまずいて弁髪を前に垂らし、重い短刀でひとりずつ首を切られるだけだ。そうした様子は、先に述べたばかりの光景とはまったく異なる見方をしてしまうし、あの場合のような不愉快な感情をまったく抱かない」。

†凌遅刑（千回刻みの刑）

一八六五年、ふたりが所属する連隊の別の隊員たちは、モーワンという反乱の首謀者が香港の総督代理によって中国政府へ引き渡され、広東で悲惨な運命をたどるのを目撃した。彼は謀反人として有罪判決を受け、生身の体を二一回切り刻んで処刑するという死刑に処せられた。「この処刑では、最後に腹を裂いて命を奪うまでに、惨めな受刑者の生身の肉を少しずつ、二〇回切り落とす。不運なモーワンは、超人的な自制心でもって、そのゆっくりとした、計画的なそぎ落としの刑に黙って耐えた。最初はほほの肉で、それから胸、上腕と前腕の筋肉、脚のふくらはぎ、（中略）即死するような部分に触れないよう、終始注意が払われていた。彼は一度だけ、すぐに殺してくれと懇願したが、もちろん、その願いは、巧みな拷問に残忍な喜びを感じている男たちに無視された」。

イギリス領事館で中国語の通訳をしていたトマス・テイラー・メドウズも、一八五一年七月三〇日に三四人の謀反人や盗賊が処刑されたとき、「千回刻みの刑」を目撃した。「地面に穴があり、その近くの壁に材木を組んだだけの十字架がひとつ立てかけてあったので、少なくともひとりが、最高の法定刑を受けるのだということがわかった。『リン＝チ』（凌遅）という生身を切り刻むもので、辱めながら死を長引かせる」と彼は書いている。

「三三人が首をはねられると、すぐに同じ死刑執行人が片刃の短剣かナイフを手に進み、十字架の男を切り始めた。その男の服は幅広のズボンだけで、それも腰まで、臀部の上のところまで下げられていた。彼はたくましい体つきの男で中肉中背、見たところ四〇歳くらいだった。当局は彼を逮捕するために、彼の両親と妻を捕まえた。そこで彼は自首し、家族が拷問を受けないようにしたうえ、自分の逮捕と引き換えに、家族のために七〇〇〇ドルを手に入れてやった。その男は二〇メートルほど離れたところにいて、こちらから見ると横向きだったので、額に二つ切り跡があり、左の胸を切り取られ、ももの前の部分の肉もそがれていたが、その恐ろしい執刀の様子はまったく見えなかった。ナイフの最初の一刀に始まり、彼が十字架から降ろされて斬首される瞬間に至るまで、およそ四分か五分ほどだった。私たちは近づくことを禁じられてはいなかったが、容易に想像できるとおり、どれほど強い好奇心があろうと、死体の山を飛び越え、文字どおり血だまりのなかを歩いて、あの哀れな男のあえぐ胸や震える四肢から想像できるようなうめき声が聞こえるところまで行く気にはとてもならなかった。私たちの立っているところでは、叫び声ひとつ聞こえなかった」。

実際には、一〇〇〇回切り刻むというわけではなかったようだ。正確な執刀回数は、犯罪の重大さによってさまざまだった。たった八回だけ切った時点で寛大な処置が与えられることもあれば、一二〇回も切った場合もあった。二五回というのが平均だったらしい。

伝統的な方法では、受刑者は十字架に縛りつけられ、その脇のテーブルに、鋭いナイフを入れて布で覆ったカゴが置いてあった。ナイフにはそれぞれ、体の特定の部位を示す漢字が記してある。死刑執行人はそのカゴに手を伸ばし、布の下からナイフを取りだす。そしてナイフの漢字を読んで、そこに記された部位にナイフを当てる。受刑者の運が良ければ楽に死ねるが、それは、死刑執行人が「心臓」という文字のあるナイフを取り出した場合に限られた。ただし、この方法は後に改められ、ナイフ一本だけを使って、体の各部位をきちんと決まった順序でそぎ落としていくようになったようだ。

一八九五年、サー・ヘンリー・ノーマンはこの方法の処刑を目撃した。受刑者を十字架に縛りつけると、死刑執行人は「ももや胸といった、体の肉をわしづかみ」にして切り取ったという。「体の関節と突出物」もひとつひとつ切り取り、その後、鼻、指、つま先を切断した。そして、手首と足首に取りかかり、手と足を切り落とした。「それから、四肢がひとつひとつ、手首と足首、ひじとひざ、肩と尻のところでばらばらに切断された。最後に、受刑者は心臓を刺し貫かれ、頭を切り落とされた」。「少しずつそぎ落としていく」ことで処刑する方法は、一九二九年の共産主義者の反乱の時期になっても、公開処刑でまだ用いられていた。

†人身御供

コロンブス到来以前のメキシコでは、犯罪者を陰惨な死刑に処しただけでなく、神々をなだめて世

戦争捕虜を生贄にするアステカの儀式。不運な犠牲者からまだ脈打っている心臓を取り出し、太陽の神にささげる犠牲とした。

界の調和を保つためにも、ぞっとするような死を犠牲として神にささげた。たとえばアステカでは、公の場で多くの死をささげねばならなかったため、戦士は戦いに出かけて、できるだけ多くの捕虜を連れ帰った。そうした戦いはたいてい儀式的なものだったので、戦士は凝った衣装を身にまとっていたし、手にした武器と言えば、黒曜石つまり火山ガラスで作った小さな剣ひとつだけだった。戦いの目的が、生贄にするための敵をできるだけ多く捕まえることだったことから、まずは指導者を捕らえたり殺害したりした。そうすれば、生き残った戦士たちも、降伏せざるをえなくなる。

そうした捕虜は、アステカの巨大な神殿ピラミッドの最上部に連れて行き、そこで犠牲をささげるための祭壇に生贄を仰向けにして寝かせた。そして、下級の神官が生贄を押さえつけ、高位の神官が生贄の胸を切り開いて、まだ脈打っている心臓を取り出した。こうした犠牲は、太陽がいつまでも大空を横切り続けるためには欠かせないものだと考えられていた。貴重な生贄の血は儀式用の鉢に集め、生贄の頭も、特別に設計した頭蓋骨用の台に積み重ねたし、高位の神官や高官は、生贄の皮膚をはいで、それを身にまとった。

一五一九年にスペイン人がアステカの首都テノチティトラン（今のメキシコ・シティ）を訪れたとき、そこで目撃したのが、アステカの戦いの神ウィツィロポチトリの祭りだった。この祭りも、アステカの祭りの例にもれず、大規模な人身御供の儀式を行っていた。この残虐な慣習にぞっとしたスペイン人は、アステカ人を攻撃して、神官や参拝者を一万人も虐殺した。この攻撃で、スペインとアステカの戦争がいきなり始まり、アステカ人が敗れた。というのも、アステカ人は天然痘という病気を知らず、その免疫も持っていなかったからで、この病気のせいで負けるのはどうしようもないことだった。

このほかにも、恐ろしく屈辱的な死に方があった。たとえば石打ちの刑は、聖書にも出てくる刑罰

キリスト教で最初の殉教者となった聖ステファノは、
33年ごろに石打ちの刑で亡くなった。残念ながら、
この野蛮な処刑方法は今もまだ、世界の一部地域で
行われている。

で、ソドミーと姦淫の罪に対して行われた。特に公開処刑で行う場合、見物人も積極的に参加することが求められた。宗教熱が再燃した一七世紀には、この形の拷問も復活した。教会に関する記録によると、クレメンタイン夫人という女性が、男とベッドにいるのを夫に見つかって、悲惨な運命をたどったという。彼女は部屋から引きずり出されて裁判所へ突き出され、そこからさらに、市場の開かれている広場へ連れて行かれた。広場には大勢の人が集まっていて、そのなかで彼女は、全裸にされてから柱に縛りつけられた。最初に夫が石を投げることになっていたが、夫は断った。すると、ほかの民衆が彼女に石を投げつけ始めた。そんな石やレンガの投石が三〇分ほど続いた。十分に狙って投げていたが、致命的な一撃にはならなかったのだ。だがついに、でこぼこの石が彼女の顔面を直撃した。そのとたん、彼女の目がどんよりとし、頭が垂れた。彼女が死んだのは明らかだった。その後、彼女の遺体は切り刻まれ、その乳房もどろどろになるまでつぶされた。しかも、万が一、石打ちで処刑しそこなった場合にそなえて、死刑執行人がこん棒を手に待機していたという。

姦通に対する罰と言えば、ナイジェリアのイボ族は独創的な刑を編み出した。有罪になったふたりを全裸にして一緒に縛り、村人全員の前で無理やり性交させたのだ。しかも、ホーホーとばかにして野次る声や口笛、太鼓の音に合わせてさせた。それから、長い木の杭でふたりを刺し貫き、その不運なカップルをクロコダイルの餌食にした。

姦通に対する罰としては考えうる限り最高に残酷な刑も、別のアフリカの部族に見られた。全裸のカップルに食べ物を与えず飢えさせてから、一メートルほど離れた二本の柱にそれぞれ縛りつけ、塩水だけを飲ませる。その一日目には、村人たちが見つめるなか、死刑執行人が女の生身の肉を一切れ切り取り、それを男に食べさせる。そして死刑執行人の助手が、女の傷の止血をする。二日目は、男のほうの肉を一切れそいで、女に食べさせる。大事な器官を傷つけずに受刑者を生かしておくことが、死刑執行人の腕の見せどころだった。この処刑は、カップルのどちらかが死ぬまで続く。何よりぞっとさせられるのは、「生き残った」ほうが、自分も息絶えるまで人肉を食べ続けねばならなかったことだ。

人間の皮膚を生きたままはぐという刑は、古くはアッシリアの時代にまでさかのぼる。受刑者を柱に縛りつけてから、皮膚を少しずつ、全身の皮がむけてしまうまではぎ取っていった。一三六六年には、ルーシ伯爵の侍従がこの皮はぎで殺され、パオロ・ガルニエは去勢されてから皮はぎが始まった。ワルドー派が迫害されていた時期の一六五五年にも、ダヴィッドとジャコポのペラン兄弟が、手足の皮膚をはぎ取られた。

第九章 軍隊方式

伝統的に、軍隊が兵士を処刑するときは銃殺にする。軍人にとっては、銃殺は名誉ある死だった。敵の銃弾に倒れることと同類だと見なされたからだ。銃殺なら、後頭部を撃つほうが確実で、多くの点で好ましい。そうすれば脳髄が回復不能なほど損傷するので、痛みも感じずに即死する。だが、そんな事実にもかかわらず、この方法は一段低く見られていた。

†銃殺隊

銃殺隊は、死刑囚ひとりに対し三から六人の射撃手で構成されるのが慣例だった。射撃手は、立っていることもあれば、ひざをつくこともある。受刑者は柱に縛りつけられたり、壁にもたれたりするが、たいていの場合、目隠しをするか、それとも勇敢に死を直視するかは、受刑者が選べた。ふつうは、射撃手の銃のうち、ランダムに一丁を選んで空砲にする。どの銃が空砲かは銃殺隊に知らされない。致命傷となる弾丸を撃ったのは自分ではない、と思えば、射撃手も罪悪感が軽くなるからだ。

弾丸が皮膚を裂き、骨を砕いて体腔に食いこむと、その衝撃で受刑者は体温が上がり、水分と脂肪分が蒸発して、射入口よりも一〇倍大きな穴が開く。銃殺隊の隊員は、受刑者の胸を狙う訓練を受ける。頭部よりも大きなターゲットだからだ。一方、受刑者の受ける感覚は、むしろ、パンチを受けたか、チクリと刺されたような感覚になる。激痛を感じるのは、死ななかった場合だけで、弾丸が心臓に命中すれば、ショックと内出血によって即死する。肺に当たったら窒息死だ。もし、主要な器官のどれにも命中しなかったら、待機していた将校か下士官が「クー・デ・グラース（とどめの一撃）」を与える。頭部を拳銃で撃つのだ。それでも致命傷にならないこともある。

一九一五年、メキシコのユカタン半島で反体制グループが州の占領を図って蜂起し、ウェンセスラオ・モーゲルというメキシコ人学生が逮捕された。彼は銃殺隊の射撃を受けても死ななかったので、「エル・フシラド（銃殺された者）」というあだ名がついた。彼には銃弾が八発命中していたし、担当将校が頭に一発撃ちこんでもいた。「何時間も戦ったあと、政府軍が私たちを捕らえた」と彼はジャーナリストに語っている。「私たちはみな即座に死刑判決を受け、ふたり一組で銃殺隊の前に立った」。

自分の順番が来ると、モーゲルは何か勇気が出そうなことを考えようとした。銃撃隊を見つめているうちに、のどがからからになった。銃撃隊も自分と同じくらい、じっとこちらを凝視しているようだった。そして最後の瞬間、スペインの守護聖人である聖ヤコブの姿が心に浮かび、彼は奇跡を祈っ

敵を処刑するドイツ軍の銃殺隊。第三帝国下の西欧では、銃殺が慣例だったが、東部戦線では絞首刑が一般的だった。

た。「銃声が聞こえ、体と顔に弾丸が雨あられと命中したかのように感じた」と彼は言う。「私は倒れた。私の周囲には、亡くなった兵士や大学の友人の遺体があった。私は意識もうろうとしていたが、担当の将校が銃を手にこちらへ向かって来るのがわかった。死にかけている者の頭にとどめの一撃を撃とうとしていた」。

その将校はモーゲルに気づくと、その顔に銃を当て、引き金を引いた。「すると、頭が真っ白になった」とモーゲルは言う。「どう見ても、死んだはずだった。なのに死ななかった」。最後の銃弾はモーゲルのあごを砕いたものの、脳を外れていたのだ。彼は死者に混じって数時間横たわっていたが、やがて、兵士らがその村を出て行くと、村の女性たちが死者を埋葬するためにやって来て、モーゲルに気づき、すぐに医者を呼んでくれた。それから三〇年間、彼は故郷の町メリダの有名人だった。

†脱走兵

記録上初めての銃殺隊は、イングランド内戦時代の記録に出てくる。また、一八世紀のロンドンの地図を見ると、タイバーンに隣接する地区が「兵士を撃つ場所」となっている。一七四三年のこと、後にブラックウォッチ（英国陸軍スコットランド高地連隊）と呼ばれるようになるセンピル卿の連隊の兵士一〇九人が、不明確な任務で西インド諸島に派遣される予定だと知って、ロンドンで脱走したが、スコットランドへ戻る途中に逮捕された。

この首謀者、サミュエル・マクファーソン伍長、その従兄弟のマルコム・マクファーソン、そしてファークエア・ショーの三人は、上官に対する反乱の罪で有罪となり、一八人の銃殺隊による銃殺を申し渡された。この銃殺隊は、ロンドン塔で衛兵任務に就いているスコッツガーズ（近衛歩兵第三連隊）

からくじで選ぶことになった。そして一七四三年七月一八日、三人以外の脱走兵がタワー・グリーンに集められて見守るなか、処刑が行われた。三人の死刑囚はひざまずいて祈りをささげたあと、かぶっているキャップを引き下ろして顔にかぶせるよう命じられた。ところが、肝心の銃殺隊がどこにも見当たらなかった。「え？　撃たれずにすむのですか？」とサミュエル・マクファーソンが言った。「どこにいるんです、撃ってくる者は？」。

オランダ生まれのスパイ、マタ・ハリ。第一次世界大戦でドイツ軍のスパイになったが、フランス軍の銃殺隊に処刑された。

すると、ロンドン塔の長官代理、アダム・ウィリアムソン大将がこう答えた。「君がひざまずいてキャップを顔まで引き下ろせば、すぐに死ねる」。三人がそうすると、一八人の銃殺隊が礼拝堂の角を曲がって行進してきた。そして、死刑囚の前に整列すると、本隊が四人一組でひとりを狙い、残りの六人は予備として待機した。

伝統的な号令「構え、狙え、撃て」は、ここでは省かれ、その代わり、ハンカチを落としたのを合図に、スコッツガーズが一斉に射撃し、三人の男は倒れて死んだ。しかし、サミュエル・マクファーソンとショーの体がまだ震えていたので、予備の兵士ふたりが呼ばれ、頭を撃ち抜いた。三人の遺体は礼拝堂の入り口の近くに埋葬され、その墓のしるしとして黒い石が置かれた。

銃殺隊と向かい合ったのは下士官兵だけではない。一七五七年、ミノルカ島から算を乱して退却した海軍大将ジョン・ビングも、ポーツマスに寄港中のイギリス軍艦モナーク号の甲板で、海兵六人からなる海軍の銃殺隊に射殺された。

✝第一次世界大戦

第一次世界大戦では、三四七人のイギリス兵が、脱走と勇気の欠如のために射殺された。多くは若い新兵で、戦争神経症にかかっている者もいた。一九三〇年以降、脱走による死刑は取りやめになり、以来、こうした者たちに死後の恩赦を与えるための運動が長く続いている。

第一次世界大戦中のフランス軍では、上官に対する反乱を鎮圧するために集団銃殺を行った。一〇人ごとに一人の兵士を選んで処刑するという古代ローマの刑罰が再び導入されたのだ。だが、その多くは死後に恩赦を受け、しるしばかりの補償が未亡人に支払われた。

アメリカ軍は、銃殺隊が処刑を行うための指示を詳細に定めていた。処刑部隊は、ピストルを手にした三等軍曹指揮下の一二人で、その処刑部隊と刑務官ひとりが、死刑囚の拘束されている場所の外で隊列を組む。軍楽隊も臨場し、衛兵の本隊が軍楽隊の背後に整列する。その後、一二人の兵士が処刑場へ行進し、処刑場に到着したら、ライフルラックからライフルを取り上げ、死刑囚が縛りつけられることになっている処刑柱から一五歩のところに立つ。

やがて、軍楽隊が「デス・マーチ」を奏でるなか、囚人が刑務官に伴われて入ってくる。軍楽隊と護送役は、処刑に立ち会うために派遣された部隊の横に整列する。囚人、刑務官、そして従軍牧師・従軍司祭が処刑柱へ向かって進み、処刑部隊のほうへ向き直る。その間に、衛兵の本隊が五歩離れたところに整列する。

担当将校が囚人と向き合い、罪名、評決、刑罰を読み上げる。そして最後に、処刑部隊の三等軍曹が囚人を処刑柱に縛りつけて、囚人の頭に黒いフードをかぶせ、軍医官が囚人の心臓に当たるところに一〇センチほどの白い円形の標的をピンでつける。

牧師・司祭と医官と刑務官が一方の脇に退き、担当将校が右に五歩、処刑部隊から前に五歩のところに立つ。「構え」の命令の合図として、将校が右腕を垂直に上げる。この時、手のひらは前を向き、指を閉じてまっすぐに伸ばす。これを受け、銃殺隊は安全装置を外して武器の用意をする。その後、将校が体の前で腕を水平になるように下げ、「狙え」の合図を送る。そこで処刑部隊は、囚人の胸にある標的に狙いを定める。将校が腕を下ろし、「撃て」の命令を送ったら、一二人の狙撃兵が一斉に発砲する。

担当将校と医官が囚人を調べる。もし「とどめの一撃」が必要なら、三等軍曹が呼ばれる。そして三等軍曹が、囚人の耳のすぐ上を撃つが、そのピストルの銃口は、受刑者の頭から三〇センチほど離す。囚人の死亡が宣告されたら、処刑部隊はライフルをラックに戻して退出する。軍楽隊が演奏するなか、派遣された部隊も行進して閲兵場へ去る。その間に、担当将校は埋葬を行う部隊を率いて、遺体を処分するための手配を行う。

†第二次世界大戦

もっとも、こういった銃殺隊が組まれるのはまれだった。第二次世界大戦中、イングランドのサマセットにあるシェプトン・マレットという町で、ふたりのアメリカ兵が銃殺隊に処刑された。ひとりは二〇歳のアレックス・ミランダで、上官の三等軍曹を撃ち、その代償を一九四四年五月三〇日に支払うことになった。もうひとり、ベンジャミン・パイゲートのほうは、同僚の兵士を刺し殺し、やはり一九四四年の一一月二八日に銃殺された。

また、第二次世界大戦中のアメリカ軍は、ひとりの脱走兵を戦場で処刑した。この男は、無断離隊で有罪になったアメリカ軍人二万一〇四九人のうちのひとりだった。そうした者のうち、四九人が死刑判決を受けたが、ひとりを除いて全員が刑の執行を猶予された。そのひとりが二等兵エディ・スロヴィク。南北戦争以来、脱走の罪で銃殺刑になったただひとりのアメリカ兵だ。

当時、ヨーロッパの戦域では脱走が急に増えて問題化していたので、軍当局は前例を作るべきだと考えていたのだ。スロヴィクは軽犯罪の前科があり、そもそも徴兵すべきではなかったような人物だった。ひ弱で臆病なスロヴィクは、当初4Fに分類されていた。兵役に不適格ということだ。だが、兵員が不足した一九四四年、資格の分類見直しで彼は1Aになり、歩兵として徴兵された。彼はダメ兵士で、潜入行動の訓練でダミーの手投げ弾を支給せねばならないほどだった。それでも、彼はフランスへ送られた。

ヨーロッパにやってきたスロヴィクは、何度も無断離隊を繰り返したすえ、敵前逃亡の罪で告発された。そして、自分が戦闘不適格者だと告白する書類にサインしたが、尋問に当たった将校から、その書類の撤回と破棄を勧められた。それに、スロヴィクが元の部隊に戻るなら、告発を取り下げる、とも言われた。だが、スロヴィクは拒否した。

軍法会議にかけられたスロヴィクは無罪を訴えたが、一九四四年一一月一一日、有罪と宣告され、死刑を申し渡された。そこで彼は、最高司令官のドワイト・D・アイゼンハワー大将に寛大な処置を嘆願した。だが、タイミングが悪かった。スロヴィクの嘆願書がアイゼンハワーのところに届いたのは、一九四四年の冬にドイツ軍が大反撃に出た「バルジの戦い」の真っ最中だったのだ。危機感を募らせていたアイゼンハワーは、脱走兵を大目に見ることなどできず、一二月二三日に死刑判決を承認した。

一九四五年一月三一日、フランスのアルザスにあるサント＝マリ＝オ＝ミーヌ村。雪の降りしきるなか、スロヴィクは高い壁に囲まれた大きな庭へ引き出された。壁には厚い木の板が貼ってあった。弾丸が跳ね返らないようにするためだ。そして、木の柱が一本、凍った地面にハンマーで打ちこんであり、その柱の後ろ側から、長い釘が一本突き出ていた。受刑者を縛る拘束具が滑り落ちたら、その体が地面に倒れてしまうので、そうならないようにするためだった。

銃撃隊には一二人の狙撃兵が選ばれていた。伝えられるところでは、選ばれたひとりが上官に、任務を免除してもらえないかと頼んだという。その返事は、「彼の立場になりたくないのなら無理だ」

というものだった。その寒い朝、銃撃隊を前にしたスロヴィクは、敵の前では見せたことのないほどの勇気を見せた。処刑部隊の一員が彼に声をかけて、「気楽にな、エディ。気楽に行こうぜ、おまえも、俺らも」と言うと、彼は冷静にこう答えた。「俺のことは心配すんな。俺は大丈夫。あいつらは俺が米軍から脱走したから銃殺するってわけじゃない。そんなことしたやつは何千もいる。あいつらが俺を銃殺するのは、俺が一二のときにパンを盗んだからさ」。とはいえ、スロヴィクに同情する者はほとんどいなかった。前線の兵士にしてみれば、脱走兵は戦友たちの命をも危険にさらしてしまうのだから、彼のような運命をたどって当然なのだ。

処刑部隊には一二丁のライフルが支給され、そのうちの一丁は空砲だった。こうしたのは、そういう伝統だったからにすぎない。というのも、アメリカ陸軍の通常装備品M1カービン銃は、自動的に実弾を発射するようになっていて、空砲を撃てないからだ。

スロヴィクは両手を縛られ、柱に縛りつけられた。彼の足首、ひざ、肩にもコードが巻かれ、彼をまっすぐに立たせていた。祈りを唱えたあと、彼の頭に黒いフードがかぶせられた。そして命令が下り、一一発の銃弾が彼の体に撃ちこまれたが、心臓に命中した弾は一発もなかった。処刑部隊は全員が訓練を積んだ狙撃兵だったので、スロヴィクの胸に標的をつける必要などないと思われていたのだ。結局、スロヴィクはとどめの一撃を頭に受けた。

彼はオワーズ＝エーヌ・アメリカ人墓地に埋葬された。この墓地には、殺人やレイプなどの暴力犯罪で絞首刑になったアメリカ人九四人がすでに葬られていた。スロヴィクの妻アントワネットは、夫の汚名をそそぐ運動を一九七四年まで続け、一九八四年、退役軍人のバーナード・カルカが、スロヴィクの遺体を米国へ戻してもよいという許可を得た。現在、彼の遺体はミシガン州デトロイトにあるウッドミア墓地で、妻の隣に眠っている。

†酷薄無情な方法

ほかにも、軍隊にはもっと恐ろしい処刑方法があった。たとえば、大砲の砲口に囚人を縛りつけてから、大砲を発射する。この場合、囚人は腹が裂け、体が真っ二つになる。西アフリカ沖で、乗船中の軍艦ラトルスネーク号の船体に穴を開けているところを捕まった海兵が、この方法で処刑されている。当時、海軍本部はこんな罰は野蛮だと非難したが、艦長は国王から恩赦を与えられた。大砲の砲身を使った処刑は、インドでは反逆者を処罰するのに広く用いた。一九二九年に短期間だけアフガニスタンの王位を簒奪したバッチャ・サカオも、この方法で敵を片づけた。

車輪に縛りつけて砕くという残酷な方法もあった。囚人は全裸にされ、荷車の車輪や砲架車の車輪の側面に縛りつけられる。もしその場に女性がいたら、囚人は陰部を覆うことが許される場合もあった。そして、囚人の魂のために短い祈りが唱えられたあと、死刑執行人かその助手が、重い木の棒や木槌や鉄の棒で囚人を打ち始める。ここが死刑執行人の腕の見せどころだった。できるだけ大きな痛みや損傷を与えながらも、殺してしまわないように打ったのだ。

最初に砕くのは腕と脚だった。すると、肉の下で骨が割れて鋭い破片になり、やがて皮膚を突き破る。四肢がぐにゃぐにゃになったら、骨盤を砕く。次が性器で、受刑者が男か女かわからなくなるまで損傷を与える。そして、性器をつぶしてしまってから、やっと胸に移る。肋骨を強打して砕き、肺とまだ脈打っている心臓が飛び出るまで打ち続ける。

一六八九年の反乱法では、「九尾の猫むち」によるむち打ち刑が導入された。最高一〇〇〇回のむち打ちという刑は、どうしても致命傷を負わせることになる。この罰の執行は、一区切り二五〇回のむち打ちを繰り返して行い、しかもなんと、むち打ちの合間に傷の手当てもした。それでも、熟練した死刑執行人なら、腎臓だけを狙って打って、受刑者を死なせることができた。もし受刑者がこの試練を生き延びても、背中に塗った軟膏が血流に入ったら、死をもたらすこともあるし、皮膚の裂傷から感染する危険もある。

また、囚人を「スペインのロバ」(鋭い逆V字形になっている)に座らせてから、囚人の脚につけた重しを増やしていって、その体をふたつに裂くというのもあった。この形の罰は、もともとスペイン軍で使っていたもので、後にイギリスでも採用し、その名も「木馬」と改めて、馬の頭部や尾、脚まで取りつけた。植民地時代のアメリカでも使っており、少なくとも一例、ニューヨークのロングアイランドで処刑された兵士は、この方法が使われた。フランスでも、軍の施設で商売をしているところを捕まった娼婦が、似たような装置で処罰されている。

✝海軍の刑罰

海軍では、扇動、反乱、「わいせつな行為」で有罪となったら、ヤーダムからつるされた。船が何年間も母港から遠く離れているので、刑罰は即決する必要があった。艦長が刑罰を決めたら、乗組員が甲板に集まるほか、付近を航行中の軍艦も、処罰に立ち会うために呼ばれる。軍法が読み上げられ、告発の詳細と判決、刑罰が申し渡される。そして、受刑者の首に絞首用のロープをかける。そのロープは、ヤーダムの滑車を通っている(ヤーダムとは、横帆の上部を支えるヤードつまり帆桁の端のこと)。号砲が鳴ったら、ロープの端を引き、首を絞められてもがき苦しむ受刑者をヤーダムへ引っ張り上げる。

その受刑者は、見せしめとして、ゆっくりと窒息死するまで放置されることになる。海軍の法律の下で最後に絞首刑になったのは、英国海兵隊の兵卒ジョン・ダリンジャーで、一八六〇年七月一三日に処刑された。彼は中国の大連湾にいた軍艦リーヴェン号で軍務に就いていたが、艦長殺害未遂で有罪になった。イギリス海軍の船上で処刑が行われたのは、これが最後だった。

法律上は死刑ではないが、船底くぐり刑という、受刑者をロープで縛って船底をくぐらせる刑罰も、たいていは命にかかわる。受刑者はまず、メインヤードの端へ持ち上げられ、手首でぶら下げられる。受刑者の足には重しのついたロープが縛ってあって、そのロープは船体の下を通って反対側に達している。また、受刑者の鼻と口は、油を染みこませた布切れで覆ってある。そして、受刑者が海に放りこまれる。昔の帆船は非常に高さがあったので、まず落ちるだけでも命を失うことがあった。その後、受刑者はロープに引っ張られて船底をくぐり、船の反対側から半死半生で逆さまに出てくる。それに、船底についたフジツボの上を引きずられるので、背中の皮膚がすりむけ、その傷に海水がしみてひりひり痛む。こういったことが二回か三回繰り返し行われる。生き残る者はほとんどいなかった。

海賊行為に対する罰も絞首刑だった。受刑者は低水位線のところでチェーンにつるされ、潮の干満に三回どおり洗われるまで放置される。チェーンがあるので受刑者が流されてしまうことはない。イングランドでは、この処刑はたいていロンドン塔の近く、セント・キャサリンズ・ドックから少し下ったところの処刑ドックで行われていた。

一七〇一年五月二三日には、キャプテン・キッドがこのワッピングの処刑ドックで絞首刑に処せられた。彼の場合、最初にかけたロープが切れてしまい、二回つるさなければならなかった。体重が重かったら、すぐに死んだはずだ。結局、彼は潮に三回洗われたあと、体中にタールを塗られ、鎖で縛られて、金属製のハーネスに入れられた。遺体が腐っても、骸骨が元のままの姿で残るようにするためだ。そして、テムズ川を行き来する船から見えるようにと、ティルベリー・ポイントのさらし絞首台につるされた。このために一〇ポンドかけて設置した絞首台だった。

エドウィン・J・エドウィンの『拷問と処刑の方法』（一九六六年）によると、キャプテン・ローストフトという人物が、さらし絞首刑という古くからの刑罰をベースに、残酷で珍しい手法を編み出し、捕虜一〇〇人を拷問したという。横木を格子状に組んだ台から丸い檻をいくつもつるすというものだ。囚人は檻のなかでさびた鎖につるされるが、その足の裏が金属製の釘にちょうど乗るようになっていて、足が串刺しにならないようにするには、その鎖を強く引いていなくてはならない。また囚人の腰には、内側に金属製のトゲがついた鉄の帯が巻かれ、息をするたびに、そのトゲが腹に食いこんだ。食べ物も飲み物も与えられなかった。それでも、出血多量で死ぬまで、三、四日持ちこたえた囚人もいたという。

第一〇章　現代の処刑

現在のアメリカでは、処刑は刑務所内で行われるが、それでも非常に多くの立会人がいるので、非公開とは言い難い。三人の子供を殺害した罪で有罪になったウェストリー・アラン・ドッドが、一九九三年一月五日、アメリカでは二八年ぶりとなる絞首刑に処せられたとき、ワラ・ワラにあるワシントン州刑務所の死刑執行室には、立会人が執行の様子を目撃するための窓があった。ドッドは死刑反対論者のロビーと猛烈なバトルを繰り広げたすえ、自ら絞首刑を選んでいた。

午前〇時二分、オレンジ色の囚人服を着たドッドが、死刑執行室の上部の窓に姿を現した。両手を手首のところで縛られていた。最後に何か言うことはあるかと聞かれ、彼は、自分は神と心の平安を見いだした、と言った。この短いスピーチは、PAシステムによって放送された。二分後、窓のブラインドが下ろされたが、死刑執行人がドッドの頭にフードをかぶせ、彼の両脚をひとつに縛る様子が、シルエットとなって窓越しに見えた。そして、もうひとりの男が死刑囚の首にロープをかけ、左耳の下でしっかりと締めた。

一分後、赤いボタンが押され、落とし戸がぱっと開いた。ドッドは下の部屋まで二メートルほど落下していった。下の窓にはブラインドがなかった。あるリポーターによると、「落とし戸がバンと開く音に、そこから彼が落ちてくる様子、あれは絶対忘れられない」。一方、「視界に入ってきた瞬間から、死体に見えた」と別の目撃者は言う。「ロープの先でじたばたするわけでもなく、ぞっとするような光景もなかった」。また別の報道関係者によれば、「激しく動くこともなく、目立った痙攣もなかった」。

ただし、ドッドがロープの先でゆっくりと回っているとき、彼の腹部が少し動いているのが見えた、という目撃者もいる。それはたぶん、不随意筋が収縮していたのだろう。その時になってもドッドにまだ意識があったとは考えられない。やがて下の窓のブラインドも下ろされ、三分後には、医師がドッドの死亡を宣告した。

†レバノンの絞首刑

こういったぞっとすることが、いまだに屋外の大群衆の前で行われている国もある。一九九八年五月二五日の明け方、二五歳のウィッサム・イッサと二四歳のハッサン・アブ・ジャバルが、タバルジャ（レバノン）の中央広場で公開の絞首刑に処せられた。この二年前、その中央広場からほんの二〇メートル先の住宅に強盗目的で押し入り、家人の男性とその姉妹を殺害したためだ。処刑には約一五〇〇人が見物に集まり、広場の周囲の屋根やバルコニーを埋め尽くしていた。その一方、三〇人の抗議のデモ隊が、多くは黒い服に身を包み、こんな横断幕を掲げながら、広場へ向かって行進していた。「わ

LSP

れわれは殺人の犠牲者と絞首刑の犠牲者を悼む」。

地元の警察署の前に設置された木製の絞首台は、警官が警備に当たり、警察署の建物正面を覆っていたキャンバス地のシートも、処刑の直前になってから取り外された。明け方、ふたりがその建物から引き出されてきた。ふたりとも白いシャツに黒いズボンを着ていた。白いロープとフードをまとった絞首刑執行人も一緒だった。

最初にイッサが処刑台への階段を上って行った。死刑執行人がイッサの首のロープを締めると、彼はぐったりとして、ひざからくずおれた。そしてアブ・ジャバルの番になった。彼は立ち続けていたが、それでも、ひざががくがく震えているように見えた。ふたりとも、フードをかぶせられておらず、両腕を縛りつけられてもいなかった。死刑執行人が処刑台の落とし戸を開けると、アブ・ジャバルは一メートルほど下へ落ちたが、イッサは穴の縁でぐらぐらしながら踏みとどまっていたので、死刑執行人がどんと突き落とさねばならなかった。ふたりとも、足が地面に着きそうになりながら、もだえ苦しんでいた。そこで、死刑執行人がロープをぐいっとすばやく引き、ロープがしっかり締まるようにした。それから一時間、ふたりの遺体はつるされたまま放置され、その遺体を見ようと、群衆がすぐそばまで詰めかけた。

タリバーン支配下のアフガニスタンでは、囚人をカブールのサッカー場へ運ぶピックアップ・トラックが、そのまま処刑の道具に使われた。何百年も前にタイバーンで荷馬車が使われたのと同じだ。サッカー場のゴールポストの一番上に絞首刑用のロープを縛りつけ、死刑囚をトラックの荷台に立たせる。トラックが走り去り、死刑囚が残されてぶら下がる。たいていの場合、この種の公開処刑は後頭部に弾丸を撃ちこんでから行われた。

ワシントン州刑務所の外で歓声を上げる死刑支持者。1993年1月5日、子供の殺害を自白したウェストリー・アラン・ドッドの絞首刑後の光景。

ファリバ・タジアニ＝エマムコリという三〇歳の女性の公開処刑には、平床型の車両回収用トラックが五台使われた。彼女と共犯者の男性四人は、二〇〇一年三月一九日の明け方、テヘラン郊外のカーク・エセフィドの荒れ地に連行され、麻薬密売の罪で死刑を申し渡された。罵声を浴びせる群衆の前に引き出されたファリバは、助命を嘆願したが、耳を貸してもらえなかった。そして五人は、目隠しをされ、両手を後ろ手に縛られて、それぞれ別々に回収用トラックの荷台に乗せられた。トラックの黄色いクレーンのジブには、緑色のナイロンのロープが結びつけられていた。そのロープが彼女の首にかけられ、右の耳の下でしっかりと締められると、ファリバは死刑執行人に向かって言った。「神が私をお許しくださいますように」。それからクレーンが上がり、ロープが締まって、トラックの荷台から囚人の足を持ち上げた。五人は身もだえし足をばたつかせたが、一〇分ほどで窒息死した。彼らの目の前では、およそ五〇〇人の男女や子供が、「密売人に死を」を叫んでいた。

もっと落ち着かない気分にさせる例もある。二〇〇四年八月一五日、一六歳のアテフェ・ラジャビが、イラン北部のネカという町の広場で公開の絞首刑に処せられた。「純潔を汚す行為」をした、つまり、ボーイフレンドとセックスをしたためだ。彼のほうは一〇〇回のむち打ち刑だった。彼女の事件では、判事が職務以上に関与し、最高裁判所まで事件を持って行ったすえ、判事自ら、この少女の首にロープをかけた。一説によると、彼女が法廷で頭のスカーフを脱いでみせて、判事をひどくいらだたせたからだという。彼女は慈悲を請い、繰り返し「悔い改め」を叫んだ。イスラム法では、そうすれば処刑の執行を即座に停止してもらえることになっていた。それでも判事は、絞首刑の続行を命じた。判事は後に、「公共の道徳に反する行為から社会を守らねばならない」とコメントした。少女の遺体は、見せしめのため、かなり長い時間クレーンにつるされたままだった。

もちろん、「ショートドロップ」の処刑なら、生き残ることもありうる。ニアザリというイラン人男性は、一九九六年二月に絞首刑になったが、二〇分後に縄を切って下ろしたときもまだ生きていた。彼がイランの日刊紙『カイハン』に語ったところによると、「最初の瞬間が一〇〇〇年続いているようにに思えた。腕と脚がひきつって、動かなくなった感じがした。あそこで真っ暗ななか絞首台につるされながら、思い切り深呼吸しようとしたが、肺がまるで丸めたビニール袋になってしまったかのようだった」。そして、彼の家族が彼を赦免した。イスラム法では、処刑が始まってしまってからでも、家族が赦免を与えることができた。別のイラン人、ラミン・ツァハールレングという男性も、二〇〇

電気椅子で処刑された最初の女性、マーサ・プレイス。1899年３月20日。目撃者によると、処刑は「滞りなく」行われたという。

一年一一月一六日に絞首刑に処せられ、四分間つるされたが生き延びて、即座に赦免を与えられた。

†電気椅子

アメリカでは、処刑は絞首刑というのが伝統だった。だが一八八六年、ニューヨーク州議会が別の処刑方法を検討するための委員会を設立した。絞首刑に代わる、もっと人道的な方法があるかどうか、調べることにしたのだ。こうした考えが出てきたのは、絞首刑だと、場合によっては受刑者だけでなく死刑執行人や立会人にも大きな精神的負担を与えるうえ、不手際も非常に多かったからだ（この例としては、第四章、一二六〜一三三ページ参照）。

一方、このころ新興の電気産業は、トーマス・エジソンの直流送電システムと、ジョージ・ウェスティングハウスの発明した新しくて安価な交流送電システムが競合し、業界を二分していた。そこでエジソンは、自社の直流システムよりもウェスティングハウスの交流システムのほうがはるかに危険だということを証明しようと、ニュージャージーの研究所で公開実験を行った。交流電気を使って動物を何匹も殺して見せたのだ。この実験は集まったジャーナリストに衝撃を与え、大々的に報道されたばかりか、そうした電気による殺処分のことを指す「エレクトロ＝キューション（電気処刑）」という「エクセキューション（処刑）」をもじった言葉まで生まれた。

その後も、エジソンの雇ったハロルド・ブラウンが一連の公開実験を行ったところ、ニューヨーク州の例の委員会は、交流の電気なら苦痛もなく即死させられる、と考えるようになった。そして一八八八年、電気処刑はニューヨーク州の法定処刑方法になり、一八八九年三月には、ニューヨーク州の刑務所に最初の発電機が供給された（この発電機を供給したのはエジソンだった。そんな目的のために発電機を売

チェチェン独立派は処刑方法として銃殺を復活させた。2003年

るのはごめんだと、ウェスティングハウスが拒否したからだ)。

こうなると、残るは、この新しい処刑方法を人間でテストすることだけだった。一八八九年五月、ウィリアム・ケムラーという男が恋人を斧で殺害した罪で死刑判決を受け、舞台が整った。ケムラーは史上初めて電気椅子で処刑される人間となったのだ。

処刑は一八九〇年八月六日に執行されたが、何もかも予定どおりというわけにはいかなかった。まず一七秒間電気を流したものの、感電死させることができなかったのだ。意識はなくなったが、まだ息をしていた。ばつの悪い思いをした刑務官はもう一度感電させ、今度は七〇秒間電気を流した。ケムラーは痙攣して手足をばたばたさせ、足が拘束具から外れ、頭と腕が電極で焼け焦げた。目撃者によると、その部屋には「焼け焦げた肉の悪臭が満ち」、失神してしまった人もいれば、その場から逃げ出した人もいたという。死ぬまでに八分もかかり、ウェスティングハウスはこんな辛辣なコメントをした。「斧を使ったほうがましだった」。

そんな失敗にもかかわらず、というか、たぶん、この新しいテクノロジーへの投資が大きすぎて切り捨てられなかったのだろう、ニューヨーク州は電気椅子の使用にこだわった。そして、アメリカ各地の州もニューヨークにならった。その後、執行のプロセスが改良され、肉体が焼け焦げるという問題はなくなったが、本当に苦痛がない方法なのか、という疑問はぬぐえず、二一世紀の初めには、ほとんどの州が人道的見地から、致死量の薬物を注射するという方法を採るようになった。いまだに処刑方法が電気椅子のみというのは、ネブラスカ州だけだ。

†薬殺刑

致死量の薬物を注射して死に至らしめるという方法は、今のところもっとも人道的な処刑方法だと考えられている。この方法を初めて導入したのは一九七七年のオクラホマ州で、今ではアメリカの五〇州のうち三七州で使われているほか、グアテマラ、タイ、フィリピンでも採用している。システムは自動化されており、プランジャを経由して受刑者の血管に注入する薬物の量も、コンピューターが制御する。死刑執行を開始するためのスイッチは、本物とダミーのふたつがあり、スイッチを操作する係もふたりいて、どちらが本当に死をもたらしたのか、ふたりともわからないようになっている。医療倫理という問題があるので、医師が執行に関与することはないが、正確な死亡時刻を確認するために、医療従事者が処刑に立ち会わなくてはいけない。

受刑者は病院で使うストレッチャーに横になり、皮のベルトで拘束される。心臓のモニターが皮膚に貼りつけられ、血管に二本の針が挿入される。二本のうち一本は、何かあったときのためのバックアップ用だ。その針には長い点滴がついていて、その点滴のチューブが壁の穴を通って制御装置につ

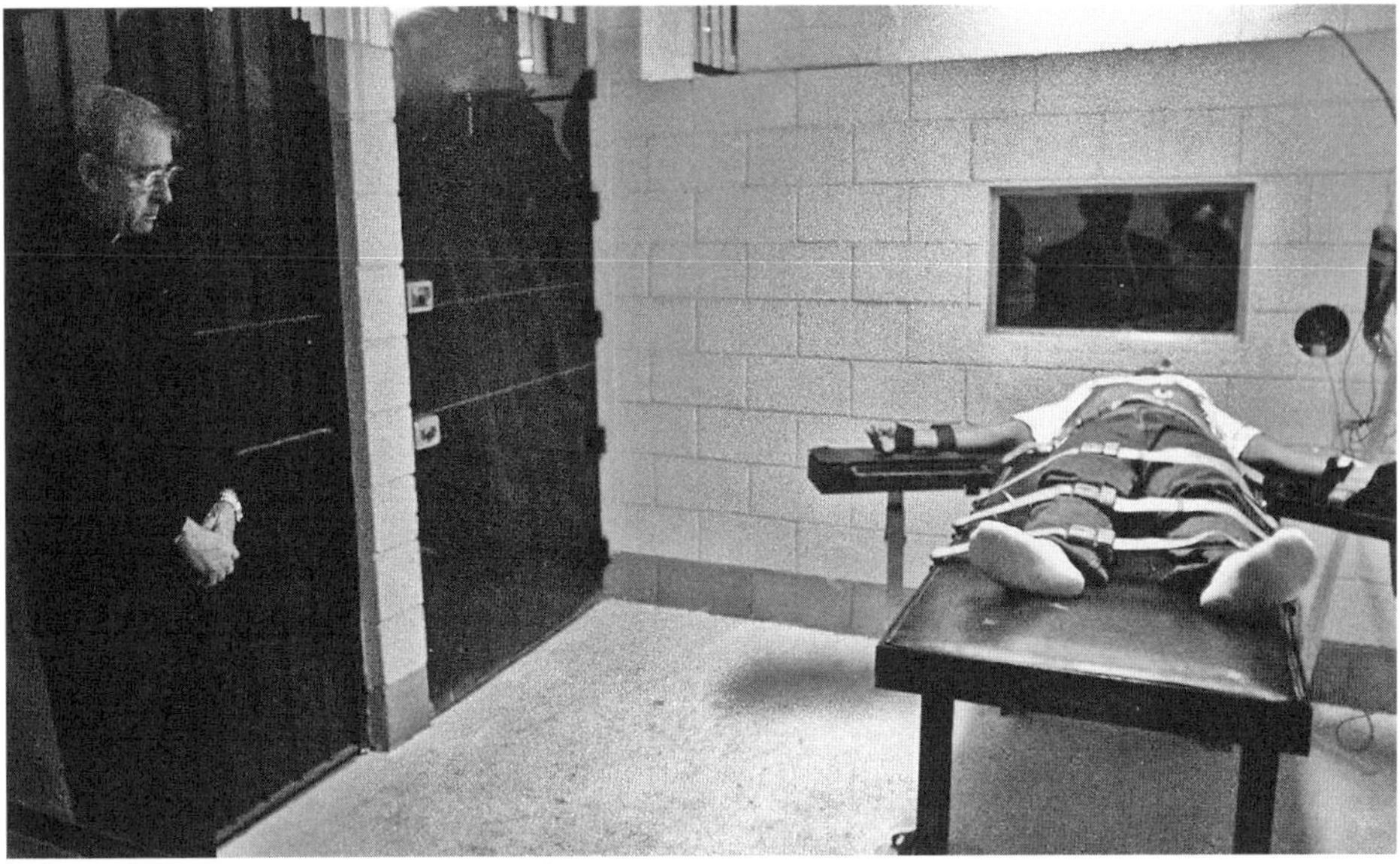

ローマカトリックの司祭アントニオ・ロペス神父が見つめるなか、薬殺刑を受けるグアテマラ人のトマス・セラーテ。2000年6月29日、グアテマラのフライハネス。

ながっている。最初に投与されるのは、無害な食塩水だ。その後、刑務所長の合図を受けてカーテンが引き上げられ、隣室にいる立会人が処刑を見られるようにする。

まず、チオペンタールナトリウムという強力な麻酔薬で受刑者を眠らせてから、臭化パンクロニウム（商標名パヴロン）で筋肉を弛緩させ、呼吸を止める。最後に、塩化カリウムで心臓を止める。この時にはすでに受刑者は意識を失っていて、窒息と心停止で死亡する。ただし、常習犯の多くはドラッグ中毒なので、血管の位置を特定するのが難しいときもある。一九八五年三月には、針を挿入するのに四〇分もかかったということもあった。薬殺刑は無痛でもなければ尊厳ある死でもない。しかも、多くの人が注視しているのだから、依然として立派な公開処刑だ。

時代や場所が異なれば、世界観も価値観も異なる。何事であれ先入観は邪魔になる。そんなことは当たり前だとわかってはいても、やっぱり「え?」とびっくりしてしまう。歴史にはこんな驚きがたくさんある。本書もそうだ。驚きながら知的好奇心を満たし、過去を知って現在と未来を考える。その入り口を示してくれる。

公開処刑というと、野蛮で残酷なもの、前近代的で非人道的なもの、人間の陰湿な暗部、というイメージを抱きがちではなかろうか。しかし、それだけではない。

本書は、古代から現在へと時代を下りながら、世界各地の公開処刑について、当時の記録を多数用いて通観している。予想にたがわず、イメージどおりの、いや、イメージを増幅するほど残虐で陰惨な歴史の数々が登場する。もちろん実際に公開処刑を目撃したことなどないから、読みながら思い描いた光景は、映画やテレビで見た映像だった。本書にも出てくるウィリアム・ウォレスが主人公の映画、『ブレイブハート』を見たときには、その処刑の場面が強烈すぎて、それまでのシーンが頭の中からはじき飛ばされてしまったほどだったが、本書を読んでいるうちに、ほとんど忘れていたあの場面のメル・ギブソンの姿がよみがえってきた。火刑を扱った章では、映画『薔薇の名前』で「異端」が拷問と火刑にかけられるシーンが脳裏に浮かび、なかなか消えてくれなかった。とはいえ、現実はむろん、そんな映像で公開することなどできないほど、もっと凄惨だったはずだ。目と耳だけでなく、すべての感覚でもって体感したら、戦慄も嫌悪感も、あんなものではなかったはずだ。

一方、浅はかな思い込みをひっくり返されてしまう事柄も出てくる。たとえば過去においては、非公開の処刑のほうが不当と見る考え方もあったし、処刑の方法によって「名誉ある死」になったり、「不名誉な死」になったりした。庶民にとっては、処刑がお祭り騒ぎの一大イベントだったこともあったという。欧州ではそんなことがあったのかとぎょっとするが、考えてみれば、日本でも昔は「市中引き回しのうえ獄門」という刑罰があった。本書にも獄門の部分だけ出てくる。市中引き回しは見世物同然になったりしたらしいから、程度の差こそあれ、そのあたりはあまり違わないのだろう。

その是非、倫理性はともかく、公開処刑は、その時代の、その地域の人間のありようを端的に示すものなのかもしれない。司法手続きを経たうえで、公衆の面前でひとりの人間の命を絶つ。そこには、司法という社会統治システム、死というきわめて個人的なものがあるだけではない。政治的思惑や経済的側面もある。宗教や世界観や価値観もからむ。処刑を「見物」する人々の生活や内面も見えてくる。

それに、あらためて人間というものについても考えさせられた。人間とはこんなにも冷酷になれるのか。これほど気高くもなれるし、卑劣にもなれるのか。自己中心的で「人の不幸は蜜の味」。だが、他人を思いやり、人のためにわが身を犠牲にすることもできる。狂信的にもなるし、理性的になることもできる。

そんなふうに思ったのは、ここに引用された当時の記録の数々が、ひときわ印象深いドラマを語っているからだろう。本書は公開処刑について、百科事典や年表のようにモノやコトやデータを羅列しているだけではない。その時そこに、血の通った人間が確かに生きていたのだ、と「人間の歴史」を実感させてくれる。たとえば英国の『ニューゲイト・カレンダー』の引用部分は、まるで小説を読んでいるような気分になる。ちなみに、『ニューゲイト・カレンダー』は英国ではあらためて説明するまでのものでもないらしい。翻訳にあたって文中に簡単に説明を加えたが、ここで少し補足しておきたい。『ニューゲイト・カレンダー』は、いわば江戸時代の「瓦版」に当たる「ブロードサイド」という安価な新聞をまとめたもので、ロンドンのニューゲイト監獄に収監された犯罪者について、生い立ちや犯行、処刑の様子などの情報を庶民に伝えていた出版物の総称だ。一八世紀、娯楽に飢えていた庶民が競って買い求め、複数の版元から複数の版が出ていたが、一八世紀後半に「標準版」が成立し、一九世紀にかけて増補しながら版を重ねて行った。平均的な家庭ならたいてい一冊置いてあるような、聖書と肩を並べるほどの定番だったらしい。そして、これを含め数々の種本をもとに編纂されたのが『ニューゲイト・カレンダー大全』で、こちらは一九二六年に出版された（邦訳もある）。

ただし、当時の犯罪報道は今のジャーナリズムとはまったく違う。関係者に取材した舞台裏の「真実」と銘打ってはいても、「教訓的娯楽」として売り上げを伸ばすため、版元お抱えの文士がセンセーショナルに潤色したり、真偽の怪しい話を載せたり、はては犯罪者の「告白」を捏造してしまうこともあったようだ。ドラマチックな人間臭い記録になっているのも、当然と言えば当然かもしれない。

一方、これと対極にあると言えそうなのが、サミュエル・ピープスの日記で、これも英国では有名なものだ。ピープスは平民ながら一七世紀の英国海軍の実力者にまで出世し、国会議員も務めた名士で、その一〇年間にわたる膨大な日記は第一級の史料とされている。淡々とした記述だけに、かえって想像が膨らむ。

これらのほかにも、処刑の目撃者の話や死刑執行人の日誌、魔女狩りの嵐を嘆く手紙など、当時の生の声がいくつも出てくる。それらの話にも多少の尾ひれがついているのかもしれないが、尾ひれがついていようといまいと、そんな尾ひれも含め、それらは確かにその時代に、その場所に生きた人間の声だ。その声を今の私たちはどう受け止めるべきなのだろう。

現在の社会は、概して死刑に否定的だ。「国家の認めた殺人」だという見方もある。公開処刑など言わずもがな、死刑制度そのものを廃止した国も多い。日本も死刑制度の是非が議論されるようになって久しい。さまざまな論点が混在するこの問題について、本書はあらためて目を向けさせ、「では、現代に生きる私たちはどう考えるのか」と問いかけてくる。

なお、本書の翻訳にあたっては、貴重なご助言、きめ細かなお心遣いをくださった原書房の百町研一氏、バベルの鈴木由紀子氏をはじめ、多くの方々にお世話になった。関係者の方々にこの場を借りて心よりお礼申し上げる。

井上廣美

[図説《ずせつ》] 公開《こうかい》処刑《しょけい》の歴史《れきし》

2013年10月30日　初版第1刷発行

著者――ナイジェル・カウソーン
訳者――井上廣美《いのうえひろみ》
発行者――成瀬雅人
発行所――株式会社原書房
〒160-0022 東京都新宿区新宿1-25-13
電話・代表03(3354)0685
http://www.harashobo.co.jp
振替・00150-6-151594
装幀――伊藤滋章
本文組版・印刷――新灯印刷株式会社
製本――小高製本工業株式会社

ISBN978-4-562-04952-3　Printed in Japan

著者

ナイジェル・カウソーン

Nigel Cawthorne

1951年シカゴ生まれのライター・編集者。ロンドンのユニヴァーシティ・カレッジにて物理学の優等学位を取得。さまざまな歴史シリーズや評伝、王室史、戦争史など、60冊以上の編著書がある。現在はロンドンのブルームズベリー在住。

訳者

井上廣美

Hiromi Inoue

翻訳家。名古屋大学文学部卒業。主な訳書に、パウエル『世界の建築家図鑑』(原書房)、ローゼンタール『イスラエル人とは何か』(徳間書店)、チャーナウ『アレグザンダー・ハミルトン伝』(日経 BP 社) などがある。

索引

【き】

【く】

【け】

【こ】

【す】

【せ】

【た】

【ひ】

【ふ】

【へ】

【ら】

【り】

【る】

【れ】

【ろ】

【わ】

参考文献

The Book of Execution: an Encyclopedia of Methods of Judicial Execution, Geoffrey Abbott, Headline, London,. 1994（『処刑と拷問の事典』ジェフリー・アボット著、熊井ひろ美ほか訳、原書房）

The Book of Executions, James Bland, Warner, London, 1993

The Common Hangman: English and Scottish Hangmen Before the Abolition of Public Executions, James Bland, Henry, Hornchurch, 1984

The Country Hanging Town: Trials, Executions and Imprisonment at Lancaster Castle, Dan Sailor, Challenge, Lancaster, 1994

The Encyclopedia of Capital Punishment by Mark Grossman, ABC-CLIO, Santa Barbara, California, 1998（『死刑百科事典』マーク・グロスマン著、及川裕二訳、明石書店）

Execution: a Guide to the Ultimate Penalty, Geoffrey Abbott, Summersdale, Chichester, 2005

The Executioner Always Chops Twice: Ghastly Blunders on the Scaffold, Geoffrey Abbott, Summersdale, Chichester, 2002

Executianer: the Chronicles of a Victorian Hangman, Stewart P. Evans, Sutton, Stroud, 2004

Executions 1601-1926: When, Where. Why, How, Who? - All the Principal Executions for 400 Years, Sungolf Plus Leisure Ltd, London, 1979

Executions and the British Experience from the 17th to the 20th Century, ed. William B. Thesing, McFarland, Jefferson, North Carolina, 1990

Family of Death, Geoffrey Abbott, Hale, London, 1995

Guillotine: the Timbers of Justice, Robert Frederick Opie, Sutton, Stroud, 2003

Hanged at Lincoln 1716-1961, N.V. Gagen,（self published）, Welton, 1998

Hangmen of England: A History of Execution from Jack Ketch to Albert Pierrepoint, Brian J. Bailey, W.H. Allen, London 1989（『ハングマン：絞首刑執行人ジャック・ケッチからアルバート・ピアポントに至る英国社会史の知られざる暗黒』ブライアン・ベイリー著、谷秀雄訳、中央アート出版社）

The Hangmen of England: How They Hanged and Whom They Hanged - the Life Story of 'Jack Ketch' through Two Centuries, Horace Bleackley EP Publishing, Wakefield, 1976（『死刑執行人：その陰惨な栄光』H・ブリークレイ著、大場正史訳、桃源社）

The heroes of the guillotine and gallows, or, The awful adventures of Askem. Smith and Calcraft, the three rival hangmen of York Castle, Stafford Gaol and Newgate, and Sanson, the executioner of Paris, with his cabinet of murderer's curiosities, full of astonishing disclosures concerning their private and public lives, and startling incidents before and after the performance of their dreadful office, Broadsheet King, London, 1975

The Reign of Terror in France: Jean-Baptiste Carrier and the Drownings at Nantes, Josh Brooman, Longman Resources Unit, York, 1986

Tyburn: London's Fatal Tree, Alan Brooke and David Brandon, Sutton, Stroud 2004

図版クレジット

Art Archive /Picture Desk: 011, 015, 039, 079, 099, 107, 207

AKG: 026-027, 097, 229

Corbis: 071, 203, 235, 241, 247, 253, 259, 293, 295

Getty Images: 017, 063, 109, 125, 140-141, 165, 199, 293, 249, 289

Mary Evans: 023, 033, 036, 045, 047, 052-053, 055, 059, 061, 111, 115, 119, 121, 125, 129, 131, 149, 152-153, 155, 156, 159, 161, 163, 167, 182-183, 187, 193, 195, 197, 209, 210-211, 213, 219, 221, 223, 237, 265, 267, 272-273, 275, 291

Topham Picturepoint: 031, 085, 113, 137